U0783937

Pearson

Six Rules of Brand
Revitalization

重塑品牌
六法则

原书第2版

［英］拉里·莱特（Larry Light）
琼·基顿（John Kiddon）———— 著

陈建林　李婷_____译

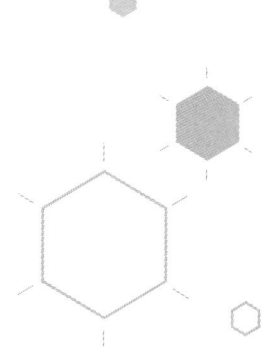

CS K 湖南科学技术出版社

第1版获得的赞誉

多次关键的逆转已经证实，重塑品牌六法则是很有用的，在如今经济衰退的形势下，这些法则依然不可或缺。每位面临品牌销售额下降和盈利率下降的经理人都应该读一读这本书。

——杰瑞·温德

宾夕法尼亚大学沃顿商学院市场营销学劳德尔讲席教授

一些对顾客不友好的营业惯例和媒体的负面报道给汽车零售业造成了不利的影响，半个多世纪以来我们一直在努力改变这一形象。通过将拉里的品牌理念及其六大法则与我们公司"顾客第一"的传统相结合，我们取得了显著的进步。

——林秀槐

大昌行汽车集团主席兼首席执行官

莱特把麦当劳品牌重塑的故事娓娓道来，使你身临其境。他以自己丰富的经验和深刻的洞察力提炼出了在任何情况下都适用的准则。如果你的品牌停滞不前甚至在日益萎缩，一定要看看这本书。

——大卫·J. 雷波斯坦

宾夕法尼亚大学沃顿商学院市场营销学

教授威廉姆·S. 伍德赛德讲席教授

拉里和琼为所有商业管理者提出了一套很好的指导原则——无论他们是在重建品牌，还是在确认现有品牌的表现。

——罗斯·史密斯

H&R Block 首席执行官；前麦当劳欧洲区总裁

如果没有高层管理者对强大而清晰的品牌平台的宏观展望、没有好的品牌执行力来发挥公司在风险回报率方面的潜力，品牌重塑是不可能实现的。

管理层不仅要有构建愿景的能力，还应该允许和鼓励其他人通过与顾客、员工、分销商和媒体的接触传递品牌观念。意识到这一点至关重要：虽然决策层是品牌的管理者。但他们不是品牌的唯一拥有者。

——史蒂夫·贝格比

伊利诺伊州芝加哥 BAGBY ideas>360°总裁

是否拥有一个强有力的品牌是决定企业成败的关键，这种观念在现今社会尤其正确。本书不仅从一个独特的视角讲述了麦当劳如何成功地实现了品牌重塑，更重要的是它提出了六条非常有用的法则，适用于任何品牌的重塑。

——汉斯·斯塔拉伯格

瑞典伊莱克斯总裁兼首席执行官

对于品牌管理者来说，本书是必须要读的，无论你的品牌是否强大、是否成熟。拉里·莱特和琼·基顿的动态解说与我们分享了他们在品牌思考和品牌执行方面的真知灼见，而这样的思考和执行方法曾经在实际生活中成功地挽救了一个世界知名品牌。他们提出了非常好的思考步骤，用来确保你的品牌有良好的表现，并且可以不断成长和增值。

——拉尔斯·G. 约翰逊

瑞典伊莱克斯市场沟通及品牌管理高级副总裁

拉里·莱特和琼·基顿所讲述的法则是实现品牌管理的基础，也是我们在 3M 塑造品牌的必要准则。《重塑品牌六法则》抓住了品牌塑造和品牌重塑的要点，任何一个想使自己的生意蒸蒸日上的管理者都必须要看看这本书。

——狄恩·亚当

3M 公司企业品牌管理前总监

本书讲述了郑重的品牌承诺是如何与强大的领导力结合从而实现品牌发展的故事。这说明大品牌是可以重塑的。通过拉里·莱特和琼·基顿的清晰阐述，我们学到了品牌管理的六个简单法则。然而，用心记住这几个法则是不够的，我们还得记住要用心做出品牌决策，因为最终人力的因素是很重要的。

——玛利亚·坎普弗洛

墨西哥 Grupo Sanborns，S. A. de C. V 公司品牌顾问

琼·基顿和拉里·莱特对自己重要理念和准则的总结堪称品牌管理学界填补空白的大师之作，《重塑品牌六法则》描述了麦当劳重塑品牌的真实案例，这一描述基于拉里自身全方位的体验，他曾作为一名关键的顾问、执行官、广告人和教授，连接起营销领域中各个重要的战场。

——尤里尔·阿尔瓦拉多

丹麦盛宝银行拉丁美洲区域市场经理

我领导 M&M/玛氏公司的时候曾与拉里和琼合作过，非常高兴他们最终把自己工作的准则和步骤总结成书。本书展示了这样一个基本事实：品牌塑造源于对改变消费者欲求的理解。创造、发展、保持和加强消费者关系是品牌成功的关键。这本书对于那些相信品牌管理并且知道市场营销远大于做广告的人来说是份礼物。书写得引人入胜，读起来很愉快。

——霍华德·沃克

M&M/玛氏公司前总裁

在过去的两年中，我们努力想转变成为一个更加以顾客为中心的公司，拉里在这方面是个很棒的合作伙伴。他深知如何激励员工和利用资金，使他们服务于整体市场策略，这样的洞察力对于任何致力于公司转型或致力于发展顾客驱动型组织的管理团队都是无价之宝。

——维尼恩佐·皮埃欧尼

通用电气金融服务公司全球市场总监

这个真实的故事感人至深、富有戏剧性，讲述了一小群有闯劲、激情澎湃的领导人如何扭转麦当劳这艘全球巨轮的命运，并让她顺利踏上了今天的辉煌航程。这真是奇迹！我知道，因为我当时在场。

——谢丽尔·伯曼

美国李奥贝纳广告公司名誉主席

重塑品牌六法则 致 谢

　　几十年来，我们结识了许多优秀人士，并与他们进行业务往来。他们每一位的经历都有助于我们了解如何通过领导力营销、卓越运营和财务纪律进行全球性或地方性的品牌管理。自我们的商业生涯开始以来，世界已经发生了显著的变化，但是"友谊、学问、爱情，当然还有乐趣"却一直经久不衰。没有这些了不起的人的支持，我们不可能有所成就，也不可能完成我们的目标。在此，我们感谢卡洛斯·戈恩、佛雷斯特和约翰·玛尔斯、吉姆·坎塔卢波、查理·贝尔、苏荣琛、史蒂夫·埃尔斯、史蒂夫·考夫曼、莫里斯·萨奇等首席执行官，以及各位优秀的营销商潘伟奇、丹·亚戈达、特里·罗杰斯、布拉德利·盖尔、杰瑞·赫什、沃维克、霍华德·沃克、克劳德·埃利奥特·赫尔曼和戴蒙德·亚斯明。还要感谢我们的家人：乔伊斯、劳拉、米歇尔和娜奥米、克洛伊和奥利维亚，感谢他们一直以来的鼓励和支持。我们也要感谢培生集团的大力支持，它为我们提供了有益的指导，并且承担了编辑工作。

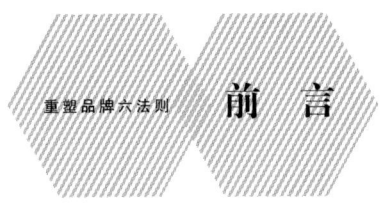

重塑品牌六法则　前　言

　　2009 年，本书的第一版问世，以我们参与过的各种转型案例为主，包括 2002~2005 年宣布的麦当劳重塑。我们提出的"重塑品牌六法则"非常成功，使企业盈利。在过去的 6 年里，营销界发生了很大的变化。影响因素包括：人口结构的变化；竞争压力的增加；客户越来越见多识广、多疑多虑；价值观的变化；互联网的影响力增强；社交媒体和移动营销的影响力增强等。然而，即使发生了如此显著的变化，这六大法则在今天仍然非常重要，丝毫不亚于 2005 年我们离开麦当劳的时候。重塑品牌六法则具有基础性、持久性。

　　自 2009 年以来，一些大品牌和受人喜爱的品牌逐渐走向衰落，如卡夫、金宝汤、J. Crew、盖璞、黑莓和大陆集团。不幸的是，麦当劳犯了之前的错误，导致销售业绩连续两年下滑，其原因是经营的复杂性增加、顾客等待时间长、价格高、总体战略和营销手段不一致、不集中。如今，终于出现了好转的迹象。一些评论员将麦当劳面临的挑战归咎于快餐业的衰落，这是不正确的。因为在麦当劳失去发展势头的同时，汉堡王、温迪、大力水手、杰克跳跳箱、菲乐炸鸡等快餐品牌的销售额却在增长。此外，我们还研究了其他成功转型的品牌，如苹果和乐高。为什么像金宝汤这样的品牌在成功转型后又重新进入衰退期？品牌一旦起死回生，又该如何避免陷入困境？

数十年来，我们一直致力于做好代理、客户和顾问的工作，我们着眼于大品牌如何陷入困境，以及这六大法则不仅在今天仍然有效，而且在重塑问题品牌方面比以往任何时候都更有意义。此外，我们还研究了品牌在重新焕发活力、扭亏为盈后该如何摆脱困境。这就是本书的结构，这是一本关于品牌如何获得持久盈利性增长的书：

⬡ 大品牌是如何陷入困境的

⬡ 如何重塑品牌

⬡ 品牌如何避免再次陷入困境

为了更好地说明我们的想法，我们在书中提供了许多例子。此外，我们还提供了麦当劳的详细在线案例记录，请登录 www.ftpress.com/sixrules。麦当劳在 2003～2005 年成功转型后，2006 年以来它再次面临严重的"管理不善和忽视核心原则"的问题。我们以一个引人注目的故事公开讲述了麦当劳是如何再次陷入困境的，还提出了一些有助于该品牌重新走上正轨的举措。正因为我们参与了麦当劳初期的品牌重塑，所以对 2006 年以来的可见的品牌破坏因素非常敏感。

　　多年来，我们一再强调"如果管理得当，品牌可以长生不老"。本书是一则指南，它为品牌在动荡的商业环境中生存发展提供了有效的指导。

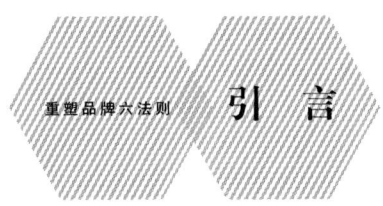

2006 年初，重振麦当劳的两位领军人物逝世，几位曾帮助麦当劳东山再起的高层管理者也纷纷离开公司。关于 2006~2015 年这 9 年的历程，有相关报道可以查阅，上面清楚记载了麦当劳的衰落之路。2014 年和 2015 年，麦当劳陷入低谷。[1]

过去的两年里，其他广受欢迎的大品牌也走向衰落：

⟡ 卡夫收购吉百利后一分为二，一部分归入亨氏（Heinz），另一部分则于近期被 3G 资本（巴西股分资本集团）收购，该集团旗下有汉堡王（Burger King）和蒂姆霍顿（Tim Horton）两个品牌。

⟡ 风靡全世界的金宝汤罐（Campbell Soup）头，曾是

---

[1]　详情请见 www.ftpress.com//sixrules。

人们食品储藏室里的必备品，如今也宣布它需要时间来恢复元气。金宝汤是许多投资者关注的焦点，在副食品市场充满变数的压力下，它的销售额仍在缓慢上升。事实上，2015 年11 月，《纽约时报》报道说金宝汤公司正在"调整"金宝鸡肉面条汤的配方，坚决摒弃不受顾客青睐的食材。[1]

⟪ ⟫ 黑莓公司曾经开发了安全系数最高、随处可见的移动和电子邮件系统，现在高度专注于开发软件和发明专利。传闻称，2015 经典款的新安卓版本将是黑莓最后一款开发和销售的硬件。

⟪ ⟫ J. Crew 和 GAP（服装品牌）的辉煌也已成为历史。

⟪ ⟫ 与美国大陆航空公司合并后，美国联合航空公司希望共享卓越的大陆航空公司文化和忠诚的客户群，但由于服务不善和组织涣散，公司内部分歧严重，导致运营系统几近瘫痪。这对美国航空运输业造成了严重影响。

一些品牌则成功地走出了从衰落到恶化的不良循环。乐高恢复了品牌实力，重振雄风；温蒂汉堡和大力水手发展势头强劲，愈发受市场青睐。还有一些大家关注的品牌，如微软、雅虎和通用汽车，这些大牌将走向何方？

我们寻找出十二种会给企业带来麻烦的行为和态度，正是它们让这些大品牌偏离正轨，我们将其称为"招惹麻烦的

---

[1] Strom, Stephanie, "Back to the Kitchen：Campbell Adjusts Soup Recipe to Address Changing Tastes", *The New York Times*, November 10, 2015.

十二种行为倾向"。然而，品牌衰落和管理不善并非是单一原因造成的，不是每个品牌都会犯这些错误。这十二种倾向也不是完全孤立的，一种倾向有时会出人意料地转化成另一种倾向。一旦某品牌被其中一种或多种麻烦找上门，它就更容易惹上其他麻烦。这十二种行为倾向分别是：

1. （巨大）成功后的傲慢

2. 自我满足

3. 人为增设组织障碍和繁文缛节

4. 关注分析师满意度而非客户满意度

5. 相信昔日经验可为今用

6. 缺乏创新

7. 忽视核心客户

8. 回归原初

9. 缺乏相关度

10. 缺乏连贯的制胜计划

11. 缺乏平衡的品牌管理计分卡

12. 无视世界变化

企业需要十分重视消除因陷入麻烦境地而给企业和品牌带来的消极影响。这些不良行为暗中作祟，对企业文化、员工自豪感以及品牌本身会产生灾难性影响，必须加以遏制。然而，仅仅靠遏制这些不良行为并不能使品牌再续辉煌。若想不受其影响，企业应该考虑践行重塑品牌六法则。为了走出困境，我们将从领导力、组织体系、文化和知识四个维度提出建议，以打破束缚品牌复兴的枷锁。

2002 年，这六大法则十分奏效；今天，它们仍有存在的意义。但世界已经改变了。自引入这些法则以来，我们用全新的方法为其注入活力，使其生命力更加强大。

法则 1：重新定义组织焦点

法则 2：恢复品牌相关度

法则 3：彻底改造品牌体验

法则 4：加强面向结果的企业文化

法则 5：重建品牌信任

法则 6：实现全球联盟

这六大法则不仅仅是品牌振兴的内外部改造清单，也并不仅是一份简单的检查清单——完成并核对即可。这些法则是持续性的，它们永不完结，必须根植于企业文化中，成为最高层次的文化符号。

离开麦当劳时，我们的想法是继续重新定义组织焦点、恢复品牌相关度、彻底改造品牌体验、加强面向结果的企业文化、重建品牌信任、实现全球联盟，希望品牌和企业能永葆活力。查理·贝尔（Charlie Bell）经常提到他对自满的恐惧。然而，麦当劳还是没能逃脱查理·贝尔一直奋力抵抗的结果。

除了这六大法则之外，还有远离麻烦的十二条真理。这些真理都是常识。但是，正如我们多年来所说，这些常识并非一般意义上的普通常识，尤其是在品牌重塑和品牌领导力建构方面。需要再次提醒的是，这些真理并不是真正意义上的检查表。伟大的品牌需要存在于伟大的文化中。当文化变得缺乏活力时，它们会损害品牌，使创造力僵化，并阻碍所有能给企业带来持续性盈利的行为。保持文化的活力对品牌来说至关重要。这就是为什么与组织及企业精神有关的真理如此之多。

远离麻烦的十二条真理具有普适性和持续性。回顾那些曾经陷入困境和经历过复兴的品牌的历史，这些真理的作用不言而喻，应当成为品牌领导者和高层管理者的持久性战略。

1. 重视文化：克服文化阻力

2. 将变革制度化

3. 制定清晰的保持效益持续性增长的战略

4. 打破孤岛思维

5. 增强真实性

6. 重视人口统计学

7. 具备领导风范

8. 保持相关度

9. 从依赖当前的积极势头转向创造持续的积极势头

10. 建立明确的责任制

11. 改变奖励制度

12. 衡量结果

从麦当劳案例的线上记录可以看出对招惹麻烦的倾向置

之不理的后果，以及不遵循六大法则会对品牌振兴造成的影响。麦当劳没有遵循六大法则，招惹麻烦的行为使它再次陷入困境。

这本新书展示了这六大法则的有效性，漠视这些法则会让你再次陷入营销困难和品牌领导力下降的深渊。这六大法则为识别并远离品牌所面临的问题提供了一个简单的框架。本书同时表明，即使在一个更加数字化、移动化、技术化、碎片化、个性化的世界里，这六大法则仍对品牌保持盈利持续增长至关重要。

目　录

第一部分

招惹麻烦的十二种行为倾向

导论

2015 年 3 月 25 日，卡夫和亨氏——两个备受顾客青睐的全球知名品牌宣布合并。[1] 卡夫亨氏公司（Kraft Heinz Co.）登上了财经新闻。值得关注的是，它是由伯克希尔哈撒韦公司（美国保险公司）（Berkshire Hathaway）和 3G 资本（3G Capital）共同打造的，后者是一家巴西公司，以其精益的生产方式闻名于世，成功重塑汉堡王，并合并汉堡王和蒂姆·霍顿斯。2015 年 7 月 2 日，卡夫亨氏合并完成，并在证券交易所正式挂牌上市。

然而，卡夫-亨氏合并案中比较有意思的事并不在财务方面，削减成本似乎早在预料之中。事实上，合并几个月后，《彭博商业周刊》（Bloomberg Businessweek）刊登了一篇题为"卡夫不妙了"的报道，文章提到了 3G 资本将大幅削减成本和品牌销售。[2]

合并之时，尤其是执行股东计划和潜在裁员（削减成本）之后，人们关注的焦点开始转移到困扰食品行业巨头的问题上来，这些问题不仅是卡夫和亨氏一家的，也是金宝汤、康尼格拉、凯洛格、麦当劳、雀巢以及可口可乐等品牌的。许多报道认为问题的焦点不仅在于错失了时机，致使"工业"化食品衰落，而且在于本土化、个性化、更健康、非冷冻、非加工、有机品等产品的兴起。[3]

由于一系列原因，我们接下来要回顾的食品品牌都是陷入困境的大品牌。大品牌陷入困境的观念不仅适用于食品品牌，还适用于黑莓、联合航空、J. Crew、GAP 服装、柯达、李维斯、乐购、全食超市、西尔斯百货、雅芳和索尼等品牌。2015 年，Radio Shack（美国无线电器材公司）关门，就连在雷富礼（A. G. Lafley）再度领导下的宝洁（P&G）也举步维艰。正如《华尔街日报》（*Wall Street Journal*）2015 年 7 月报道的那样，"在雷富礼第二次担任首席执行官期间，宝洁裁员数千人，宣布剥离逾 200 亿美元资产，但目前宝洁仍在遭受销售增长乏力、股价低迷和市场份额增长乏力的困扰。"[4]

这些问题也不只困扰规模较大的"老"品牌。推特的收益报告（2015 年第二季度）显示，由于没有吸引新用户，收入增长缓慢。推特承认，尽管该品牌拥有巨大的知名度，但"绝大多数潜在的新用户不知道如何或为什么使用该服务。"[5]《华尔街日报》报道，该品牌的核心用户群（每月至少登录一次的用户群）几乎没有增长。首席执行官杰克·多尔西（Jack Dorsey）表示，新产品具备的特性并没有产生有意义的影响。[6]2015年第三季度，这一情况也没有好转，用户增长持续放缓。自2014年第二季度以来，其收入一直在下降，10月份的报告再次表明，吸引用户的新做法是否能取得成功，仍有待考量。[7]

基于多年在代理、客户和咨询方面的经验，我们回顾了当下多个大品牌的历史。很明显，每个问题品牌都与招惹麻烦的行为倾向有关。虽然每个企业遇到的麻烦不尽相同，但模式是一样的。

许多企业都不乏认真、聪明的员工，他们了解当下的局势和发展趋势，也不乏很有能力的人来进行人才管理。企业从名牌大学和咨询公司招聘员工，抢先获得了最优秀和最聪明的管理硕士或计算机工程师。他们经常思考，关注变化的媒体、数字和技术环境。然而，即使有了这些人才，企业依旧陷入麻烦之中，无法自拔。

正如我们马上要提到的这个案例所示，即使是最大的品牌也会陷入困境。有时是快速地自由下落，有时是几十年的缓慢衰落。不过，由胜至衰的轨迹是可以变为由衰至胜的。乐高就是一个很好的例子，星巴克、大力水手和温蒂汉堡也是很好的例子。汉堡王2015年第二季度的利润（基于同店销售额的增长，部分原因是来自于新产品和改进的核心产品）表明，汉堡连锁快餐业并没有像麦当劳在过去几年中暗示的那样消亡。汉堡王首席执行官丹尼尔·施瓦茨（Daniel Schwartz）说："我们不会对竞争对手发表评论，但只要考虑我们所做的一切，你会发现这一切都是为了提供更好的顾客体验。"[8]

我们发现这些模式都反映在招惹麻烦的十二种行为倾向中：

1.（巨大）成功后的傲慢

2. 自我满足

3. 人为增设组织障碍和繁文缛节

4. 关注分析师满意度而非客户满意度

5. 相信昔日经验可为今用

6. 缺乏创新

7. 忽视核心客户

8. 回归原初

9. 缺乏相关度

10. 缺乏连贯的制胜计划

11. 缺乏平衡的品牌管理计分卡

12. 无视世界变化

有人认为，品牌从诞生到成长，到成熟，到衰落，再到消亡，都有一个自然的生命周期，这是错误的。品牌消亡不是必然结果，它们可以永生。品牌之所以陷入困境，都是品牌所有者自己造成的。

有人说，你很难把品牌既做大又做新。他们认为，品牌做大，就会发展缓慢，缺乏创造性。他们说巨人不可能灵活、敏捷，没有创造力。当你做大，你会变得谨慎，变得官僚。他们坚持认为，做大品牌后，你就会规避风险。

但事实并非如此，品牌的规模和实力可以使其发生巨大的变化。规模和实力为品牌更好、更强大制造机会；规模和实力使品牌能够接受风险，获得抵御逆境的能力；规模和实力为品牌吸引更多的人才。然而，正如我们回顾和综合分析结果所揭示的那样，如果品牌不能充分利用这些优势，那么规模和实力就变得毫无意义。

这十二种行为倾向是品牌管理不善的结果，应该立即停止，每一种趋势都应深入研究。品牌和企业团队需要消除这些阻碍品牌重塑的因素。

这十二种行为倾向是相互联系的。例如，如果一个品牌一次又一次地坚持做同样的事情，它可能是一个缺乏创新的品牌。一个忘记了核心客户的品牌，很可能是一个失去了相关度的品牌，也是一个跟不上世界变化的品牌。但是，我们将独立分析这些倾向，以强调每一种倾向在品牌陷入困境中所产生的影响。

倾向 1：
（巨大）成功后的傲慢

一事成功百事顺。[9] 在商业领域，不乏分析师的奉承和媒体的赞扬，也不乏名人和聚光灯，更不乏英雄崇拜，比如卡洛斯·戈恩（他甚至成为日漫中的超级英雄）复兴尼桑（日产汽车），或者史蒂夫·乔布斯和霍华德·舒尔茨（Howard Schultz）重塑一蹶不振的品牌。大陆集团（Continental）的戈登·贝休恩（Gordon Bethune）、美国国际商用机器公司的路易斯·郭士纳（Louis Gerstner）、艾睿电子（Arrow Electronics）的柯夫曼（Steve Kaufman）、大力水手（Popeye）的谢丽尔·巴舍尔德（Cheryl Bachelder）等，他们在重塑衰退品牌方面取得了巨大成功。

成功是每个人的目标，没有人愿意失败。然而，对一些人来说，没有什么比成功更能助长傲慢。傲慢可能会形成一种"我不犯错"的心态。傲慢心态的核心是"我们将出售

我们知道如何做的东西"，而不是以客户为中心——"我们将承诺并交付客户想要的东西"。

2009 年，管理专家和领导力大师吉姆·柯林斯（Jim Collins）研究成功与失败的课题后写道："企业获得成功可以掩盖许多缺点。不是成功让你变得脆弱，而是当你以傲慢回应成功时。"他将傲慢与狂妄自大联系起来，这是古希腊悲剧的根源。在接受《南非之星》（South Africa Star）采访时，柯林斯引用了一位古希腊罗马学教授对狂妄自大的定义，它导致希腊诞生许多毁灭性的悲剧，即"一种让无辜者遭受痛苦的、无耻的傲慢"。柯林斯发现，他在《从优秀到卓越》（Good to Great）一书中讨论的所有领导人都表现出一个共同的特点：以谦卑之心面对成功。柯林斯认为这是"傲慢的真正对立面"。[10]

这一章开头提到的许多品牌，在过去几十年里都取得了巨大成功，有的品牌是充分利用了一个好的点子，有的大胆冒险，有的两者兼而有之。成功需要把控，而不是依靠。正确管理品牌意味着让品牌长盛不衰，将其提升到一个新的水平。如果你愿意用新的想法和策略投资品牌，品牌生命周期的说法将不复存在。如果管理得当，品牌可以经久不衰。

2002~2005 年，麦当劳获得过几次成功，它发布了新产品，如鸡肉凯撒沙拉。其他成功则关乎政策问题，比如三级定价政策；再如，在全球 100 多个国家同时推出了一项新的广告活动；还有联盟导向型政策，在全球范围内激励了超过

100 万名员工；其他政策则是我们如何在"好点子不在乎来自何方"的理念下与我们的代理伙伴合作。麦当劳成功地推出了"做好，而不是做大"的新商业模式，首先专注于改善顾客体验，而不仅仅是开新店。凭借对品牌承诺的明确定义和对全球市场需求的细分，每一次成功都源于做好关乎品牌的每一件事，使伟大的品牌变得更伟大。

麦当劳的成功令人振奋，但吉姆·坎塔卢波和查理·贝尔从不傲慢，他们是了不起的领袖。宣传、赞誉、股价上涨、同店销售额增加以及跟踪研究的积极表现都只是扭转麦当劳品牌的部分原因。最重要的一点是，坎塔卢波和贝尔从未滋生傲慢，这种傲慢本可以将成功的感受转化为自满情绪。麦当劳总是可以做得更好，不断取得进步是不争事实。（见倾向 2）

1991 年，百事首席执行官韦恩·D. 卡洛韦（Wayne D. Calloway）表示，在百事没有取得成功的人，最大的原因就是傲慢。他说，"自信没有错，但傲慢是另一回事。傲慢是自信和骄傲的私生子。傲慢是这样一种观念：'你永远不会错过射中一只鸭子的机会，而其他人永远也不会射中一只'。在一个注重团队的企业，傲慢是通往成功的不可逾越的障碍。傲慢的另一面是团队合作，即在团队内工作时发光发亮的能力。"[11]

卡洛韦先生的观点并不过时。沃伦·巴菲特（Warren Buffet）在给伯克希尔·哈撒韦公司股东所做的年度报告

（2015年3月）中就提到了企业傲慢的问题，他说："导致银行业危机的最主要因素就是傲慢。在任何生活领域，傲慢都是一种破坏性的性格缺陷，它会破坏人际关系，在商业领域，它有潜在的致命危险。一个傲慢的首席执行官会忽视同事们的建议，而这些同事可能对威胁公司的风险有更深入的了解。因此会导致决策失误、企业士气低落、高管与员工无法建立联系。它破坏了企业文化，要知道，企业文化对任何企业的有效运作都至关重要，如合议文化、意见目标共享文化等。一旦首席执行官在董事会中被孤立，他就失去了有效领导公司的能力。"[12]

傲慢不利于企业发展，也不利于品牌发展。为什么？因为你管理品牌的方式就是你管理企业的方式。底特律汽车业的首席执行官团队乘私人飞机到华盛顿特区，参加参议院举行的寻求参会者（福特除外）资金支持来维持底特律各项事务的听证会，这就是一种傲慢。他们的立场影响了人们对汽车品牌的认知，也影响了人们对底特律品牌和"美国制造汽车"品牌的认知。当时，美国香烟品牌的首席执行官站在国会面前，发誓他们的品牌是安全的，即使在卫生局局长基于近几十年的数据所做的报告面前也是如此，这就是傲慢。想当然认为消费者会继续购买你的品牌，这是因为你只懂得傲慢。

尽管美国早餐中含糖谷物的比例已经降到30%以下，但凯洛格坚持认为消费者每天早上仍会吃一碗含糖谷物来"唤醒"身体，这30%还不包括果酱吐司饼干（白面和白糖）

和蛋奶华夫饼（将枫糖酱或其他糖浇在白面粉上）的比例。[13]

如今，福特已经成为汽车界的传奇，但公司坚定地、傲慢地认为对于住在郊区的居民而言，公共货车就可以满足其需求，所以福特公司不打算生产"微型货车"。福特认为，郊区居民会继续驾驶能让福特盈利的汽车，人们会继续购买公司生产的东西，而不是自己需要的东西。被福特开除的执行官李·艾柯卡和他的新团队去了克莱斯勒公司，他们需要一个新的想法——生产小型货车。后来，李·艾柯卡将濒临倒闭的克莱斯勒公司从危境中拯救过来，使之成为全美第三大汽车公司。

20世纪80年代，哈雷·戴·维森在经历了一场"傲慢"危机后，沃恩·比尔斯和哈雷的经理们很快买下了这家公司。比尔斯和他的团队扭转了品牌颓势。但他们觉得企业因成功滋生出了傲慢情绪。员工们认为哈雷"赢了"，不必做其他的事了。顾问李·欧莱加入团队，为文化变革制定了计划。正如欧莱所说，"我们赢得了胜利，打败了日本。但是该企业已经开始重蹈让哈雷陷入困境的覆辙。"[14]

（最近有一些关于美捷步及其新的企业管理方法——全体共治的报道。不管是好是坏，新方法的重点是不将傲慢情绪带入企业管理。如果每个人都没有头衔，每个人都加入团队合作时，傲慢之人就不会得到赞赏和奖励。）

英特尔（Intel）是另一个成功大品牌的例子，它滋生了品牌傲慢，随后又重塑品牌。到 1994 年，英特尔已经完成了大多数专家、营销人员、分析师和技术人员认为不必要和不可能的事情：它给电脑芯片加上了品牌。品牌推广的效果非常好，大多数消费者都在寻找内置英特尔芯片的电脑，即使他们并不了解内置英特尔电脑芯片的功能。成功滋生了一种傲慢的气氛，它爆发的威力足以让品牌奔溃。奔腾芯片存在一些严重的故障。当客户提出退款和召回的要求时，英特尔无论是公开的还是私下的回应都显得很不耐烦，而且一直在自我辩解。"看来英特尔的确有些傲慢，我们只是一味地告诉客户什么才对他们有好处。或许我们一直头脑不清……但我们终于弄明白了。"当时的首席执行官安德鲁·格鲁夫（Andrew Grove）在反思这一事件时说。一旦领导层意识到他们的傲慢影响了品牌形象，就会公开认错，并在报纸上刊登整版广告致歉。[15]

领导者需要具备一定的品质并且付出努力，才能远离傲慢。善于和专注于自身而非品牌及其客户的行为倾向作斗争，是对真正伟大领导力的考验。领导者被成功冲昏头脑，变得骄傲自满，在公司制造了一种傲慢的文化，这样的领导只能是忠于自我而不是品牌。

注释

〔1〕*Pittsburgh Business News*, July 2, 2015.

〔2〕Berfield, Susan and Noah Buhayar, "Things Are About

to Get Ugly at Kraft,"*Bloomberg Businessweek*, August 24-30,2015.

〔3〕 Leonard, Devin, "Bad News in Cereal City: Will Kellogg Ever Catch a Break?" *Bloomberg Businessweek*, March 2-8, 2015; Silverman, Gary, "Craft Versus Kraft: Big US Food Groups Have Missed a Major Shift in the Nation's Tastebuds as Customers Seek Fresher Fare and More Exotic Flavours. Can the Companies Find New Bliss Points to Woo Them Back?" *Financial Times*, March 17, 2105; "Slimming Down: America's Processed Food Makers Are Having to Adapt to Declining Popularity," *The Economist*, May 2, 2015; Gasparro, Annie, "Kellogg Chases Changing Consumer: Revenue Falls 5% Amid Stronger Dollar, While Profit Tumbles 44% on Cost Cutting Moves," *The Wall Street Journal*, May 6, 2015; Gasparro, Annie, "Indigestion Hits Food Giants," *The Wall Street Journal*, February 13, 2015.

〔4〕 Byron, Ellen, Serena Ng, and Joann S. Lublin, "Lafley to Hand Over Reins at P&G," *The Wall Street Journal*, July 28, 2015.

〔5〕 Goel, Vindu, "At Twitter, Slow Growth in New Users Disappoints," *The New York Times*, July 29, 2015.

〔6〕 Koh, Yoree, "Twitter Ad Woes Subside, but Growth Stalls," *The Wall Street Journal*, July 29, 2015.

〔7〕 Overheard Column, *The Wall Street Journal*, October 26, 2015.

〔8〕 McKinnon, Judy, and Julie Jargon, "Burger King Owner Touts Sales," *The Wall Street Journal*, July 28, 2015.

〔9〕 Dumas, Alexandre, *Ange Pitou*, Vol. 1; from a French proverb. See *Bartlett's Familiar Quotations*, Seventeenth Edition, Justin Kaplan, general editor, Little Brown & Company, Boston, 2002, p450.

〔10〕 *The Star, South Africa*, "Greatness Is a Matter of Choice," September 9, 2009, p76.

〔11〕 Moskal, Brian S., "Arrogance: The Executive Achilles Heel: Pepsi Co Has Isolated Three Critical Reasons Why Some Fast Track Executives Didn't Reach the Promised Land," *Industry Week*, June 3, 1991, p19.

〔12〕 Askeland, Erikka, *Aberdeen Press and Journal*, March 16, 2015.

〔13〕 Leonard, Devin, "Bad News in Cereal City: Will Kellogg Ever Catch a Break?" *Bloomberg Businessweek*, March 2-8, 2015.

〔14〕 *Investor's Business Daily*, March 27, 2001.

〔15〕 Crainer, Stuart, "The 50 Best Management Saves," *Management Review*, November 1, 1999, p16.

倾向2：

自我满足

2015年4月17日，H Partners Management，LLC（H合伙人管理投资公司）致函床垫公司泰普尔·丝涟的股东，该公司拥有泰普尔和丝涟美姿系列知名品牌。当时，H Partners拥有泰普尔·丝涟约10%的流通股，是该公司最大的股东。这封信向董事会发出了一个明确的信息，要求董事会更换领导层。

H Partners在信中表示，"泰普尔·丝涟具有成功公司的必备要素：行业领先的产品、经得起时间考验的标志性品牌，以及一支由具有敬业精神的员工组成的天才团队。然而，我们认为，尽管公司具有这些积极因素，由于董事会因循守旧，一盘散沙，管理不善，公司股值被严重低估，收益大幅下降……两个主要阶段的表现充分说明泰普尔·丝涟在首席执行官马克·沙尔瓦里（Mark Sarvariy）领导下差强人意的执行力。"[1]

为了明确说明董事变更的必要性，H Partners 将自满列为泰普尔·丝涟管理不善史的第一阶段。以下是 H Partners 的描述：

"执行不力的第一阶段：明显的自满导致泰普尔市场细分呈断崖式递减……2011 年，现任董事会和首席执行官忽略了两个关键的客户反馈：泰普尔床垫不仅外观过时，而且睡上去太热。这些问题已经广为人知。毫无意外，泰普尔的竞争对手抓住了这些不足之处，推出了一款外观时尚的记忆海绵床垫，该床垫通过添加一层'冷却凝胶'来打消客户的担忧。这款新的竞争床垫立即赢得了客户的青睐，并开始蚕蚀泰普尔在记忆海绵领域数十年的主导地位。其他竞争对手也使用了同样的策略，进一步削弱了泰普尔的地位。"[2]

"执行不力的第二阶段：丝涟收购后的经营失误导致收入进一步下降，"H Partners 再次将其归咎为自满。"由于自满，管理层和董事会已经陷入困境。"[3]

品牌和企业必须避免自满。自满阻碍创意、创新，让企业赶不上客户的步伐。自满会让员工停留在舒适区，它诱使人变得懒惰，无所作为。自满也会粉碎好奇心和创造力。而且，正如 H Partners 所指出的那样，自满会导致市场份额的流失，进而导致业绩不佳。自满让你不再关注周围世界和特定市场的细化。品牌不是被动的，是对预期体验主动做出的的积极承诺。品牌可以是柔和的，安静的，传统的，轻松的，冷静的，但是如果他们想要提供相关的品牌体验，就必须做出改变。自满会导致企业无所作为，最终导致品牌丧失市场相关度。

在麦当劳，雷·克罗克尽量使自己没有自满情绪。他担心这个品牌可能会陷入平淡无奇，现在和将来都无法取得进展。查理·贝尔 14 岁就开始在澳大利亚麦当劳工作，从那时起他就一直担心自满的蔓延。作为总裁兼首席执行官，查理·贝尔总是谈到如何规避自满情绪。他不断激励员工，让他们明白，对一个品牌来说，自满是多么可怕。他意识到，自满会让员工找到自我安慰，帮助其逃避责任，披着自满的外衣，麦当劳的任何一个员工都有可能导致品牌落后于竞争对手，成为一个过时的、不被光顾的、令人烦腻的备选餐厅。

自满会转移你的视线，让你对已经明确的新事项视而不见。与成功后的傲慢相关，品牌越强大、越成功，越容易跌下自满的悬崖。傲慢让你觉得自己已经取得了成功；自满情绪让你觉得除了享受成功，再没什么可做的事情了。

查理·贝尔经常谈到自满，我们在《重塑品牌六法则》（第一版）中引用了他的观点。他经常提醒我们，"麦当劳品牌需要持之以恒"。他说，"麦当劳滋生了一种企业内部文化，这种文化导致固步自封和骄傲自满。"在查理看来，自豪感和热情是麦当劳的关键品质。自满情绪会阻碍员工的热情和自豪感。[4] 查理·贝尔去世后不久，MSN 戴尔财经

（MSN Dell Money）网站非常有先见之明地报道，在新任首席执行官吉姆·斯金纳领导下，麦当劳轻视了它的核心汉堡业务，"从长远来看，这种自满可能会疏远顾客。毕竟，从 CKE 餐饮公司到红罗宾美味汉堡，很多公司都在努力拉进与喜欢吃汉堡的顾客之间的距离。如果麦当劳长期忽视其核心产品，它不得不做的一件大事就是需要重新赢回汉堡粉丝的支持。"[5]

那些自大的公司盲目相信自己品牌的力量，因此才会败给那些不断创新的品牌。"巨人就是这样倒下的，"高德柏说，他所在的皮埃尔丰（加拿大）咨询公司 Optimus Performance 提供企业规划、培训，以及加拿大公司的领导力发展。"他们不关注外部环境，不了解对手，也不知道面临什么威胁。"[6] 高德柏先生在《蒙特利尔公报》（*Montreal Gazette*）上的一篇文章中提醒我们，麦卢卡曾经是个人定制咖啡的佼佼者，现在虽是众多咖啡品牌中的一员，但已然不是最突出的了。[7]

自满是李维斯被迫自我改造的原因之一。据彭博商业周刊报道，20 多年前，李维·史特劳斯（Levi Strauss）的规模超过了耐克（收入超过 70 亿美元）。如今，它正努力重新赢回被瑜伽裤夺去注意力的客户。彭博商业周刊指出，李维·史特劳斯只能大量生产牛仔裤，引用嘉思明咨询公司（Kurt Salmon）格雷格·埃利斯（Greg Ellis）的话："在很长一段时间内，牛仔裤行业都缺乏活力。"[8] 该公司不能将瑜伽裤当作蓝色牛仔裤的临时替代品。

2015 年，沃伦·巴菲特在致股东信中再次将自满列为另一种"企业癌症"，称自满是最危险的，因为自满根源于过去的成功，但这并不意味着接下来也会发生同样的事情。过去的成功并不意味着后续的成功。如果首席执行官们继续活在过去的辉煌里，便会滋生出懒散、慵惰的文化。[9]

麦当劳的在线案例写道，有一种自满文化满足于现有成就，不去展望未来。文化自满可能是麦当劳陷入困境，需要重塑品牌的原因之一。在吉姆·斯金纳（Jim Skinner），坎塔卢波/贝尔（Cantalupo/Bell）的领导下创造的积极势头尽管暂时遮掩了自满。但是最后，随着势头的消失，自满便显露出来。

2008 年，一篇关于丽嘉连锁酒店（Ritz Carlton hotel chain）的文章讨论了该公司打击自满情绪，并决定做出更适合客户需求的改变。丽嘉的做法刊登在《美国管理》（American Executive）杂志上。正如文章开头所说，"丽嘉酒店优雅和专业的服务在业内首屈一指，数十年来获得顾客的认可。该酒店的成功揭示了企业最应关注的风险之一就是自满。"[10]丽嘉酒店的例子表明，自满涉及各个行业，它不仅影响包装商品、服装或餐饮品牌，所有品牌都会受其影响。

自满使企业忽视不断变化的世界。它滋生出一种"活着就行"的心态，而不是"前进"的心态。自满让思维停滞，使品牌丧失创新。正如弗雷德里克·福瑞斯特在《现代启示录》（*Apocalypse Now*）中所说："永远不要下船。"或者想想诺亚综合症，"我只想活下来。"[11]

自满是一种文化缺陷。品牌需要有一位能与自满作斗争的领导者。自满表现为自视甚高，自鸣得意。是的，这看起来很惬意。但从品牌的角度来看，它会导致无所作为，一味地做过去的工作，而不是着眼未来。

注释

〔1〕*Business Wire*, "H Partners Sends Letter to Tempur Sealy Shareholders；Urges Shareholders to Send a Clear Message That Continued Underperformance and Repeated Execution Errors Overseen by the Management and Board Are Unacceptable；Vote the BLUE Proxy Card Today,"April 17,2015.

〔2〕*Ibid*,*Business Wire*,April 17,2015.

〔3〕*Ibid*,*Business Wire*,April 17,2015.

〔4〕Light,Larry,and Joan Kiddon,*Six Rules for Brand Revitalization：Learn How Companies Like McDonald's Can Re-Energize Their Brands*,"Wharton School Publishing,February 2009,p20.

〔5〕*MSN Dell Money*,January 18,2006.

〔6〕Nebenzahl,Donna,"Times Are Still a-Changin'-Especially in Business：Companies Must Avoid Complacency；Marketplace Is Littered with Those That Didn't Take Relentless Tide into Account,"*The Gazette*（*Montreal*）,January 10,2005.

〔7〕 Ibid. ,Nebenzahl,Donna.

〔8〕 Higgins,Tim,"Distressed Denim:At 162 Years Old, Levi Strauss Confronts the Yoga Pant,"*Bloomberg Businessweek*, July 27-August 2,2015.

〔9〕 Ibid. ,Askeland,Erikka.

〔10〕 Mkhell, Joseph, "Risking Excellence:Ritz-Carlton Didn't Wait Until Complacency Affected Its Bottom Line.Instead, It Took a Calculated Risk on Change,"*American Executive*,October1,2008,P. 24(3),Vol. 6,No. 9.

〔11〕 Hine, Thomas, *The Great Funk:Falling Apart and Coming Together(on a Shag Rug)in the Seventies*,Sarah Crichton Books,2007,p52,"The Noah Fetish. "

倾向 3：
人为增设组织障碍和繁文缛节

2015 年 7 月，新上任的巴克莱银行（Barclays Bank）董事长约翰·麦克法兰（John McFarlane）解雇了首席执行官安东尼·詹金斯（Antony Jenkins）。直到 2015 年第三季度，巴克莱才任命了一位新的首席执行官。麦克法兰说，此举完全是董事会的决定，他直言巴克莱银行在走下坡路，他对银行根深蒂固的管理结构更是直言不讳。在接受英国《每日邮报》（*The Daily Mail*）采访时，他说，"官僚主义！这是一家和我合作的大公司最糟糕的作风。它是一种根深蒂固的顽疾，处理起来并不容易。巴克莱有 375 个管理委员会，其中 370 个都存在这类问题，实在是太多了。"[1]

孤岛思维和官僚主义会减缓品牌发展速度，阻碍效益的持续性增长。正如我们在上一本书《新品牌领导力》（*New Brand Leadership*）中所讨论的，孤岛思维很危险。"孤岛思维有害品牌健康和企业健康，它们会制造各种不良行为，例如产生隔阂、阻止思想传播、引起内部冲突、不思进取。这不是封建主义，因为没有封地，它只会竖起围墙，而不是与人共享。它导致员工对经营业绩缺乏责任感，这是孤岛思维的另一个弊病。"[2]孤岛与孤岛之间难以通达，再加上官僚作风，便导致品牌停滞不前。孤岛思维和官僚主义阻碍了品牌走向成功。

与巴克莱银行（Barclays）一样，2008 年，礼来制药厂（Eli Lilly）也面临着令人窒息的官僚作风，阻碍了企业创新性和决断力。该公司不仅改变了行政领导结构，还立即削减冗余的管理层，改革官僚作风。这一改革进而促使企业"明确职工角色和职责，加快决策，使公司能够更快地响应关键业务需求。"[3]

2008 年，霍华德·舒尔茨回到星巴克时，他面临的是一个臃肿的官僚机构，严重影响了星巴克为人称道的客户服务。据一些媒体报道，霍华德·舒尔茨"历经了一年的股价下跌、内部官僚主义和日益激烈的竞争之后"，重新掌权，成为星巴克的首席执行官。迈克·布朗出版了一本书：《新客户服务：将员工放在第一位，将客户放在第二位，你将获得终身客户》（Acanthus 出版社，2007 年）（*Fresh Customer Service: Treat the Employee and the Customer and You Will Get Customers for Life*, Acanthus Publishing 2007）。他曾经说，"星巴克最初的客户服务是建立在对员工友好的模式基础上的，但随着时间的推移，以及公司的快速扩张、官僚作风的增加和店内体验的千篇一律……这种模式逐渐被削弱。"[4]

直到 1999 年，IBM 内部孤岛思维盛行。IBM 对傲慢情绪、发展缓慢以及跟不上快速发展的技术革命等有着深刻的认识。在郭士纳到来之前，IBM 在全球拥有十几家准自主管理企业和 70 家广告代理合作伙伴。[5]

企业管理方式会影响品牌发展。你怎样管理品牌就会怎样管理企业。品牌管理就是企业管理。如果企业致力于保护管理层免受风险、转移责任、减缓决策速度、夸大个人或团体的形象时，品牌就会衰落。索尼、美泰和塔吉特都经历了官僚主义对品牌的侵蚀效应：大量工作需要走官僚程序，这与发挥创造力和跨职能部门协作的要求背道而驰。

索尼曾经是电子产品的宠儿，它得到了消费者和行业领袖的信任和尊重，其品牌声誉无可挑剔。可是索尼到底发生了什么？我们可以看到有很多关于索尼正在经受阵痛的文章。分析师说，总体来讲，索尼所面临的问题是由于官僚机构不断膨胀、各自为政所导致的。"权力运行参与者太多，权利却无法有效运行"，分析人士说。IHS 分析师韦恩·林（Wayne Lam）分析说这一问题实际上可以归结到管理层。索尼公司的运行结构有自身特点，需要人员灵活流动才能维持部门生存。"我认为索尼真的陷入了官僚主义和地盘之争的泥潭，比如公司人员最关注的事情是谁获得了什么资源。"[6]索尼是一家以创新著称的公司，它的第一款移动音乐播放器——索尼随身听（Sony Walkman），让音乐萦绕在耳边，为其创造的索尼贝泰麦卡斯视频格式打开了市场。索尼电视流行了 10 年甚至更久，婴儿潮一代首先把电视从宿舍搬进了公寓。索尼摄像机也是独一无二的。后来，层出不穷的官僚主义和推诿责任扼杀了创新基因。在苹果、三星和 LG 面前，该品牌失去了创新主导地位。

2015 年 1 月，美泰另一位首席执行官也辞职了。辞职的部分原因是他领导下的公司缺乏创造力，没有在芭比娃娃和费雪玩具（Fisher Price）的基础上有所突破，"美泰的创新不足可以部分归咎于官僚文化，这种文化无意中扼杀了玩具公司的生命线——创造力。"分析师报告称，玩具业步伐加快的同时，美泰的官僚作风使公司发展缓慢。由于官僚主义和孤岛思维，新合并的（加拿大玩具公司）美佳玩具的员工说："美佳只要两个小时能完成的工作，在美泰需要两天，美佳两天能完成的工作，在美泰则需要两周。"[7]

布莱恩·康奈尔在塔吉特作为首席执行官走马上任时，首先关注的领域之一就是组织架构。尽管该品牌的"酷"缓存产品失败了，但在企业内部，由于规避风险和"自杀性官僚作风"，品牌创造力因此被扼杀。畏惧风险，再加上致命的繁文缛节，导致塔吉特放弃了对 H&M、T. J. Maxx 和一元店等的销售。[8]

六大法则中有一条强调全球联盟的重要性，而官僚主义会使全球联盟化为泡影。事实上，官僚主义是全球联盟的对立面。另一条法则是重新定义组织目标，创建一个以品牌为焦点、以客户为中心的组织。当一个品牌的文化被分割成一片片的沙坑和网，它就很难复兴或发展。臃肿的官僚主义使文化陷入僵局，阻碍了合作。孤岛思维和官僚主义是盈利可持续增长的障碍，阻碍了品牌在未来保持现代性和创新性。

注释

〔1〕 Sunderland，Ruth，"CITY INTERVIEW：Bureaucracy-Bashing Barclays Chairman John McFarlane on Ousting Former Boss Anton. Jenkins，" *Mail Online（The Daily Mail）*，July 9，2015.

〔2〕 Ibid，Light and Kiddon，*New Brand Leadership*.

〔3〕 Pharma Company Insight，"Lilly Makes Changes to Reduce Bureaucracy and Streamline Decision Making，" May 22，2008.

〔4〕 Brown，Michael，"Starbucks Visionary Resumes Control：Schultz Needs to Amp Up Focus on Java Giant's 'Eroded' Customer Relations，Consultant Says，" *Bulldog Reporter's Daily Dog*，January 10，2008.

〔5〕 Farrell，Greg，"Building a New Big Blue：IBM's Makeover to a Company with Soul Shows Businesses Can Re-Brand，" *USA Today*，November 22，1999.

〔6〕 Agomuoh，Fionna，"Can Sony Corp. Save Its Dying

Electronics Brand? Turnaround Plan Starts with Xperia ZA Smartphone," *International Business Times*, January 30, 2015.

〔7〕 Li, Shan, "Mattel's CEO Resigns as Toy Maker Struggles, *Los Angeles Times*, January 27, 2015.

〔8〕 Wahba, Phil, "Back on Target?" *fortune. com*, 2015.

倾向 4：
关注分析师满意度而非客户满意度

写这本书的时候，正在进行一场有关股东改革案的公开讨论，这个改革方案不支持通过短期方式和即时报酬来激励首席执行官。也有人主张应当调整因公司季度额增长而付给股东和分析师的奖金。随着 2015 年 4 月黑岩集团（Black Rock Inc.）首席执行官拉里·芬克（Larry Fink）写出的一封信，这一问题成为人们关注的焦点。芬克致信美国 500 家最大上市公司的首席执行官，敦促他们为股东创造长期价值，否则可能失去黑岩集团的支持。他表示，企业不应屈服于那些给公司制造短期压力的激进的股东。芬克在信中写道，公司关注股票回购的行为"传递了一个令人沮丧的信息，即公司没有别的办法来有效利用其资源，并制定一个连贯的创造长期价值的计划。"芬克写道，致力于为股东创造长期价值的公司"才有可能获得我们的支持"。[1]

2015 年 7 月，希拉里·克林顿对"季度资本主义"的打击为其政治舞台奠定了经济支柱。《华尔街日报》的专栏作家威廉·A. 高尔斯顿（William A. Galston）也认为，"希拉里在短期效益问题上做得对。"高尔斯顿在其评论文章中引用了《会计与经济杂志》（*Journal of Accounting and Economics*）2005 年对首席执行官和首席财务官的调查。该研究报告称，"为了达到季度盈利预期，80% 的人愿意放弃研发支出，55% 的人愿意推迟符合公司内部投资回报要求的、有前途的长期项目。麦肯锡公司最近的一项调查也得出了类似的结果"。[2]《金融时报》（*Financial Times*）称，"结束季度收益专政的想法已经越来越成熟。"[3]

此外，文学和当代文化杂志《纽约客》（*New Yorker*）在其财经版专栏上刊登了一篇关于短期与长期情况的报道。正如作者詹姆斯·苏洛维奇所说，"近年来，美国公司对短期投资过于痴迷，这种现象已经司空见惯。而与此不同的是，在贝尔实验室和帕洛阿尔托研究所的鼎盛时期，公司将眼光放的很长远，为未来进行了巨大的投资。但现在投资者只关心季度收益和短期股价，因此公司在研发上投入较少，并花费数千亿美元回购股票"。[4]虽然作者不完全同意苏洛维奇对金融业的评价，但却为人们对这一问题的辩论开了一个头。我们合作过的一些品牌和公司的目标是开发金融工程并随时准备售出，这样做只使其变得越发衰落。

最近，《华尔街日报》DealBook 专版刊登了安德鲁·罗斯·索尔金（Andrew Ross Sorkin）关于"短期贸易商"与"长期贸易商"的文章。索尔金说，这是时下的热点问题，因为激进投资者让约 200 家公司参与其中，替换了其中 19 名首席执行官。尽管文章保持中立，并没有明确立场，但是却指出"股东没有理由选择看似短期的金融工程，如回购、分红、附带利益和销售，这些做法会迅速导致股价飙升，同时可能使公司日后更加脆弱，尤其是用借来的钱购买自己的股票。"[5]

股票回购背后的金融工程问题在美国正被审查。然而，这一行为已经开始蔓延。首席执行官拉里·芬克（Larry Fink）或许已经道出了其本质，但目前，这一问题仍有待评论。安德鲁·罗斯·索尔金还写道，"最终，只有当管理层真正看到商业机会，股东也提出这样的要求时，企业投资运营和新工作的压力才会出现。"[6]

2014 年，《哈佛商业评论》（Harvard Business Review）的一篇文章称，那些支持回购和增加股息的首席执行官是价值压榨者，而不是价值创造者。是的，回赠/回购的行为让高管们很高兴，股东们也很高兴，但这是一个临时改变员工角色、阻碍整体经济繁荣的做法。我们与这样的公司合作，它们的首席执行官总是专注于股票回购和年度股息增长。这种情况下，公司的品牌实际都是空壳，他们唯一关注的就是那些本年投资，本年即可收益的举措。正如《哈佛商业评论》文章所述，由于首席执行官热衷于股票回购和股息分红，

"过去 30 年里，本可用于创新美国经济和创造就业机会的数万亿美元，却被用于操纵股价。"[7]

谈到对品牌的影响，不得不想到两种致命行为。这两种行为都可以理解为金融工程。一是无论能否给品牌或客户带来好处，都要尽一切努力来满足分析师的季度（月度）预期。这些公司是华尔街导向型，而不是客户导向型。这种行为方式可能多种多样，其中就包括回购股票。第二种是激进投资者的崛起，他们专注于为股东赚取短期美元，而不是打造既需要短期战略又需要长期战略的品牌。尽管听说一些激进分子声称他们对品牌的长期性也感兴趣，但他们对长期性的定义似乎比品牌真正需要的时间要短。激进分子开始管理品牌时，削减成本是主要手段，为促进效益持续增长所要花费的资源却都进了股东的口袋。

据英国《金融时报》报道，即使会损害品牌形象，丹麦珠宝商潘多拉（Pandora）还是选择听从分析师的建议。4 年前其盈利状况受到了严重考验，哥本哈根证券交易所（Copenhagen Stock Exchange）将其市值的三分之二剔除。从那时起，这家珠宝商通过品牌建设不断发展壮大，包括扩张、产品推广以及与迪士尼合作。"潘多拉在迎合投资者喜好上发生了显著的转变。"[8]另一方面，奇特的美食汉堡包连锁店红罗宾（Red Robin）无法为华尔街带来高收益，还因事后被报道进行股票抛售受到惩罚。在上一季度报告（2015 年 7 月）中，红罗宾表示，在竞争激烈的快餐休闲餐领域，其利润增长了 18%。然而，对分析师来说，与去年同期 950 万美元的利润相比，今年 1120 万美元的利润还不够好。[9]

在写这本书的时候，世界目光正集中在亿滋国际，它是从卡夫食品中分离出来的糖果/零食食品品牌。该公司已经避开了激进分子纳尔逊·佩尔茨的领导，但现在又来了一个威廉·阿克曼。3G 旗下的亨氏（Heinz）最近收购了卡夫（Kraft），这让阿克曼感到振奋。他设想成立一家规模更大（亿滋）、利润率更高的公司。目前，喜达屋（Sheraton，W，Westin）在增持的对冲基金的压力下，其酒店板块也活跃起来。"目前，正值对冲基金经理在酒店业增加活动之际，他们希望整合、重组房地产投资组合，释放现金返还股东。"[10]（2015 年第四季度，万豪国际收购喜达屋。）

2014 年的达顿/红龙虾/橄榄园/长角牛排馆与斯塔博德价值基金公司代理权之争是一个很有意思的关于注重短期收益的激进投资者如何影响品牌代理权之争的案例。作为激进股东，斯塔博德认为，达顿不善品牌管理，没有为股东赚足够多的钱。由于达顿的利润下降，斯塔博德艰难地更换了 12 名董事。争议期间，达顿董事会成员授权将红龙虾品牌出售给金门数据公司（Golden Gate）。董事会对其品牌、客户群、海鲜商品价格上涨以及该品牌客流量下降进行了评估，以此作为出售的基础。他们认为这次出售对达顿集团最为有利。斯塔博德价值基金公司（Starboard Value LP）在公开场合大发雷霆，释放出强烈的敌意，董事会更是向股东致公开信，指责斯塔博德发表了虚假和误导性的声明。[11]

随着战斗的升温，斯塔博德赢得了代理权。2015 年 1 月，斯塔博德实施了其他激进股东建议的旨在获取短期回报的措施：将房地产剥离，成立 REIT（房地产信托投资公司）。（REIT 只需将大部分股息利润分配给投资者，就可以少缴或不缴收益税，这就是为什么它们对投资者具有吸引力的原因。[12]）新董事会将房地产板块划拨给橄榄园餐厅。报道称："董事会已经批准了一项战略性房地产计划，分离公司（达顿）的一部分房地产资产。分离将通过选择售后回租交易和将部分剩余房地产资产转让给新的房地产信托投资公司（REIT）实现，该信托公司将通过资产分派、易股式重组或类似交易分离，从而使 REIT 成为独立的、公开的交易公司（"REIT 交易"）。具体而言，橄榄园计划如下："达顿将把 430 家餐厅转移到 REIT，基本上所有的 REIT 的初始资产都被达顿租回。这些租约将有诱人的租金覆盖率、固定租金上涨以及达顿自行决定的多种续租选择。房地产信托投资公司可以通过收购其他企业的房地产进行扩张。"[13]

这种剥离房地产并获得短期回报的做法是一种时髦的、积极的做法，它没有考虑从品牌投资中赚钱。房地产信托投资公司会损害特许经营商的利益，因为它会给特许经营商增加额外的财政负担。房地产投资信托公司将短期收益返还给股东。激进、短期以及季度回报方法的问题在于，用做品牌投资的资金会流失。如此一来，这个品牌就会"饿死"，但股东们却很高兴。达顿的情况便是如此。据报道，一旦房地产投资信托公司（REIT）宣布成立，投资者就无法对达顿股票置之不理。达顿股票上涨了 5.8%，年涨幅超过 20%。[14]尽管糟糕的公共董事会被推翻后，橄榄园公司 2015 年第一季度的利润有所上升，但该公司也承认他们的营销成本下降，交易量跌落，因此在这一过程中存在着成本削减和投资平衡的问题。[15]

REIT 不考虑未持有品牌股票客户的需求。但这并不是分析师、股东、股权投资公司和对冲基金损害品牌的唯一途径。被迫满足分析师的预期，同时迫使管理层追逐季度收益，也会损害品牌。这并非出于正确的理由，以正确的方式做正确的事情。如此一来，可以避免将用于品牌投资的资本最后成为股东的分红。对麦当劳案例的研究显示，其经营过程中，一年中有 4 次需要满足分析师和投资者的需求。如果你去看看 2015 年来对金宝的报道，你会看到这家公司一次又一次召开季度会议，满足分析师需求，以提高收入和股价。金宝的历史如同一辆在季度与季度之间上下起伏的过山车，这样的状况不会永远在金融界立足。

大卫·约翰逊担任金宝首席执行官期间，分析师提出了目光短浅的发展方向，并对收益做了预判，这可能会扭曲金宝对市场的看法。例如，在 1993 年，有分析人士指出，说到自有品牌汤料，金宝的浓缩汤料没有什么可担心的。报道援引分析人士的话说，饼干和苏打水零售品牌货架过道和汤品过道没有相互打通。[16]这可能是迄今为止发布的最糟糕的分析建议之一。今天，你所要做的就是去大众超市，去西夫韦，或者去阿尔迪超市，详细考察汤品过道，或者去全食看看汤品 360 标签，而不是想象太平洋标签。

从 2006 年开始，麦当劳希望保持持续的季度增长。执行团队保持同样的做法不变，因为连续几个季度表现良好，对分析师来说可算得上一段成名史。有趣的是，2015 年 6 月，麦当劳新任首席财务官表示，该公司正在观望房地产信托投资公司，并将继续"寻找一切机会，进一步提高股东价值"。[17]前首席财务官马特·保尔（Matt Paull）在吉姆·斯金纳任内退休，他极力反对推出房地产信托投资。2015 年 8 月，华尔街日报刊登了一篇麦当劳正在面临房地产难题的文章，活动家们正垂涎于一家价值至少 200 亿美元的速食公司。然而，一些乐观者认为，财务损失可能会影响已经陷入困境的连锁加盟商。租金可能会上涨，可以支付麦当劳目前收取的"租金加溢价"，但如果有了房地产投资信托基金，这些溢价将消失。[18]截至 2015 年 11 月 16 日，麦当劳宣布，它不会建立房地产信托投资基金。不过，麦当劳将借钱分红和回购。

可口可乐公司首席执行官穆塔尔·肯特（Muhtar Kent）发表了一篇关于亨氏公司削减成本和裁员的文章。巴西 3G 资本，连同可口可乐最大和最知名的股东之一沃伦·巴菲特，接管了亨氏。肯特先生发表这篇文章是为了说明，"如果我们不迅速有效地以百分之百的执行力做我们需要做的事，那么别人就会做这件事。"[19]

品牌驱动型增长必须成为管理的目标。这就是品牌管理要与企业业绩挂钩的原因，正如我们所说，你如何管理品牌就会如何管理企业。营销就是管理企业，管理企业比管理信息和媒体范围更大，这也是当今大多数营销的重点。有效的市场营销不仅仅是信息和媒体管理，也是一种企业管理。从根本上讲，营销就是为了吸引和留住客户，就是我们如何实现以客户为中心的效益增长模式。品牌管理的目的是使企业获得效益的持续性增长。

当然，董事会对股东负有责任。但董事会必须认识到，除非保证品牌价值以客户为导向，否则就没有股东利益可谈；并非所有的增长都同等重要，要区别对待高质量增长和低质量增长，低质量增长实际上会同时破坏品牌价值。

金融界人士经常提醒我们，"一切都是为了守住底线"。除非我们创造出高质量的顶线增长，否则底线就不可能持久增长。这意味着公司要将以供应为中心的模式转变为以客户为中心。但有一点是清楚的：你不可能自己做主进行成本管理，实现效益持续增长。增长必须有利可图，而且必须持久。品牌必须专注于满足客户需求——预测客户需求，而不是仅仅迎合股东财富。

这并不是说激进分子和分析师的预测都是向坏的方面发展。据报道，几年前激进分子比尔·阿克曼使得宝洁公司股东产生了不满情绪。但正是由于阿克曼对宝洁盈利能力和管理层的断言，使得首席执行官鲍勃·麦克唐纳（Bob McDonald）被免职。于是，在宝洁公司的请求下，麦当劳前任总裁雷富礼再次掌权。许多外部信贷股东施压，要求宝洁重新审视其增长战略，包括向科蒂出售宝洁的美容业务，以及向伯克希尔·哈撒韦公司出售金霸王。[20]

一些美国食品公司失去了相关度（"倾向 9：缺乏相关度"），因为他们只专注于以削减成本和利润空间取悦华尔街，却并不是关注消费者的需求。当消费者变得更加理性，对产品提出更高要求，并更关心配料和饮食健康时，食品公司却在削减研发和市场调研的内部投资。认为公司一方面能够保持健全的财务责信；一方面又能通过增加对消费者投入而激发产品创新性，这样的想法已不复存在。"我知道企业财务必须健全。但是，当你只看季度回报时，你会发现它鼓励每个人用当前的销售额换取未来的销售额。"宾夕法尼亚州费城圣约瑟夫大学食品营销学教授约翰·斯坦顿说。[21]

2015 年 8 月，《华尔街日报》报道，尽管 3G 资本合伙公司 LP 的成本紧缩策略提高了利润，但亨氏的市场份额却在下降。虽然利润率有所提高，但在销售业绩方面，亨氏的记录令人沮丧。3G 资本收购亨氏的两年里，亨氏参与竞争的产品类别的市场份额下降了 65%。新产品质量参差不齐，并未取得成功。一篇文章指出，3G 资本将在 2018 年前削减卡夫亨氏公司 15 亿美元的成本，各级管理层都将解雇员工，一些品牌可能会被出售。这些举措的初衷是为了提高效率，但文章指出，这实际上只能是降低短期盈利的利润率。[22]虽然汉堡王已经有所改善，但文章指出，首先，由于标准设定的很低，所以任何情况的改善似乎都是好的；其次，3G 资本专注于"交易"，汉堡王和蒂姆·霍顿（加拿大咖啡和甜甜圈连锁店）的合并便得到了正面的报道。至于汉堡王，几乎没有什么创新可言。然而，关注核心产品汉堡和薯条，将有助于扭转这一品牌的颓势。[23]

卡夫亨氏公司的新管理团队承诺，计划在未来几个月内，通过削减两家公司新合并预算中约 15 亿美元的成本来提高利润率。[24]资源分配要在长期增长和短期利润之间实现一种平衡。一个品牌需要短期和长期策略的共同作用，如果忽视了短期策略，就不会有长期策略。然而，没有长期战略，就不会有效益的持续增长。

德高望重的管理大师彼得·德鲁克（Peter Drucker）曾说过："商业的目的是创造客户。"[25]忽视客户肯定会带来麻烦。未来将属于以客户为中心的企业，这些企业最擅长吸引和留住客户，从而实现可持续、高效益的市场份额增长。

注释

〔1〕 Toonkel, Jessica, "BlackRock CEO Warns Against Caving to Activists," *National Post's Financial Post & FP Investing*（Canada）, April 15, 2015.

〔2〕 Galston, William A. , "Hillary Gets It Right on Short-Termism, " *The Wall Street Journal*, July 29, 2015.

〔3〕 Luce, Edward, "Hillary's War on Quarterly Capitalism, " *Financial Times*, July 27, 2015.

〔4〕 Surowiecki, James, " The Short-Termism Myth, " *The New Yorker*, August 24, 2015.

〔5〕 Sorkin, Adam Ross, "DealBook-The Long and Short of It, " *The New York Times*, November 5, 2015.

〔6〕 Sorkin, Adam Ross, "DealBook-Stock Buybacks Draw Scrutiny from Politicians, " *The New York Times*, August 11, 2015.

〔7〕 Lazonick, William, "Profit Without Prosperity, " *Harvard Business Review*, September 2014, pp. 46-55.

〔8〕 Milne, Richard, " Charm Bracelets and Rings Shine Brightest for Pandora, " *Financial Times*, August 12, 2015.

〔9〕 Stynes, Tess, " Red Robin Results Don't Fly on Wall Street, " *The Wall Street Journal*, August 12, 2015.

〔10〕 Foley, Stephen, " Hedge Funds Add to Pressure on Starwood, " *Financial Times*, August 17, 2015.

〔11〕 Darden Restaurants, " Darden Addresses Inaccurate and Misleading Statements by Starboard and Provides the Facts on Value Achieved with Red Lobster Sale; Files Presentation and Issues Open Letter to Shareholders Regarding Red Lobster Divestiture, " *PR Newswire*, August 4, 2014.

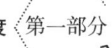

〔12〕 Jargon,Julie,and David Benoit,"Darden Cooks Up a REIT to Lift Profits,"*The Wall Street Journal*,June 24,2015.

〔13〕 American Daily Stock Report, "Darden Restaurants Announces Strategic Real Estate Plan:Intends to Pursue a REIT Separation,Continued Sale Leasebacks of Select Restaurant Properties and the Sale Leaseback of Restaurant Support Center," *News Bites US Markets*,June 24,2015.

〔14〕 Yuk,Pan Kwan,"Wall Street:REIT Spin-Off Move Leaves Investors Seeking a Good Slice of Darden,"*Financial Times*,June 24,2015.

〔15〕 "Darden Restaurants:Back for Seconds,"*Financial Times*,March 26,2015.

〔16〕 Leckey,Andrew,"Generics Becoming Names to Trust as Brands Face Stiffer Competition,"*Chicago Tribune*,May 10,1993.

〔17〕 Ibid,Jargon and Benoit,June 24,2015.

〔18〕 Jargon,Julie,"McDonald's Lands in a Real Estate Dilemma,"*The Wall Street Journal*,August 26,2015.

〔19〕 Esterl,Mike,"Coke Chief's Solution for Lost Fizz:More Soda. Despite Changing Tastes,CEO Kent Doubles Down on Carbonated Drinks,"*The Wall Street Journal*,March 19,2015.

〔20〕 Ng,Serena and Byron,Ellen,"P&G Exits Slumping Beauty Business,"*The Wall Street Journal*,July 10,2015.

〔21〕 Silverman, Gary, "FT Big Read: Consumer Trends. Big US Food Companies Have Missed a Major Shift in the Nation's Tastebuds as Customers Seek Fresher Fare and More Exotic Flavours. Can the Companies Find New 'Bliss Points' to Woo Them Back?" *Financial Times*, March 17, 2015.

〔22〕 Berfield, Susan, and Noah Buhayar, "Things Are About to Get Ugly at Kraft," *Bloomberg Businessweek*, August 24−30, 2015.

〔23〕 Gasparro, Annie, "3G Brands Lose Share Amid Focus on Costs," *The Wall Street Journal*, August 10, 2015.

〔24〕 Gasparro, Annie, and Maria Armental, "Revenue Weakens for Kraft, Heinz," *The Wall Street Journal*, August 11, 2015.

〔25〕Drucker, Peter Ferdinand, *The Practice of Management*, Harper Row, October 1954.

倾向 5：
相信昔日经验可为今用

　　某餐馆品牌团队由于担心销售额和顾客交易量下降，决定进行一次针对家庭聚餐，且价格固定的促销活动。该团队5年前进行过同样的促销活动，以同样的价格获得了巨额利润。所以，5年之后，这个团队进行了同样的推广：同样的套餐，同样的价格。但是，促销并没有起什么作用。事后通过对价格弹性研究表明，由于品牌的感知形象和价值的下降，导致在当前环境下，顾客觉得家庭餐的定价太高。这个品牌"年久失修"，即使人们认为它仍是好品牌，但其较高的价格却不再具备相当的价值。一旦品牌团队意识到5年前的有效价格在5年后已不再适宜，他们就会在当前更具挑战性的市场形势下，为品牌的家庭聚餐找到合理价格。

　　一切都在变化：客户变了，世界变了，品牌声誉变了，竞争也变了。在当前特殊的形势下，做曾经奏效的事情便显得毫无意义。这个真实的故事表明，品牌形象会改变。该品牌的感知价值下降如此之快，以至于其价格弹性也不可同日而语，顾客觉得目前这个品牌的促销活动不值这个价钱。随着该品牌的稳健性下降，其价格敏感性在增加。在顾客眼中，品牌的感知价值降低了。认为昨天奏效的方法今天也会奏效的想法只考虑了自己的情况，没有考虑世界的变化。品牌将正在发生的事和将要发生的事混为一谈。

有人认为可口可乐陷入了时间静止的怪圈里，它只是重复地做自己会做的事：卖含糖的碳酸饮料。据报道，这种风险规避影响很大：几十年前，新可口可乐惨败，但它仍然在核心饮料的决策中起着重要的指导作用。[1]可口可乐已经收购了许多水和保健果汁品牌，包括 Suja。但最近，该公司首席执行长穆泰康（Muhtar Kent）表示，将重点销售含糖可乐。

2006 年开始，麦当劳似乎认为世界是静止的。华尔街了解到，领导层不允许麦当劳偏离当前的路线，并公开声明："我们的战略方向不会改变。"[2]

在讨论是否应该"坚持做过去一直奏效的事情"时，许多记者和经济学家引用了彼得·德鲁克的话。作为一个具有强大市场洞察力的人，德鲁克认识到，许多伟大的品牌都因为一直做同样的事情而跌入陷阱。他总结出的教训有：

环境变化。持续的战略及行动创造了过去的成功，但若一直持续，终究会以失败告终。

　　为自己辩护和不屈服的态度也会导致失败。任何组织必须随时准备尽快放弃以前成功的方法。

　　坚信会发生变化，有时这种变化是革命性的。企业应该通过改变创造未来，即使这意味着"淘汰当前和过去成功的产品或方法。"[3]

　　这是常识。站着不动，任由改变之风吹过，注定会失败。事实上，"坚持做过去一直奏效的事"的策略是最近一则 TedxGR 演讲的主题。该演讲的要点如下：

　　坚持做过去一直奏效的事情是失败的根源：作家兼顾问豪尔赫·萨（Jorge Sa）宣扬彼得·德鲁克的方法，要管理好公司的发展和创新，需要不断质疑公司的既定做法。如果一直照搬过去的成功，企业和机构终究会失败，它们必须在自身系统内建立创新机制。由于资源稀缺，管理者必须像伟大的冰球运动员韦恩·格雷茨基（Wayne Gretzky）那样，计划放弃过去的做法（他会滑到冰球要去的地方）。如果我们继续做过去一直奏效的事情，我们将会失败，"萨说。[4]

　　柯达就是一个很好的例子，它一直做自己擅长的事。曾几何时，柯达胶卷无处不在。消费者创造了用柯达胶卷捕捉的柯达瞬间。企业在做业务展示时也会用到柯达的幻灯片设计。保罗·西蒙在《柯达胶卷》[5]这首歌中表达了使用柯达彩色胶卷的乐趣。正如 2011 年报道的那样，柯达是一个非常成功的品牌，以至于它无法或不愿去适应不断变化的摄影环境。[6]

斯图尔特·克雷纳（Stuart Crainer）在关于管理"救援"的讨论中指出，拥有能够改变想法和公司方向的首席执行官和管理团队，是一个很好的特质。在某种程度上，领导层必须认为自己知道的已经够多了，有能力做出明智的判断，即使这像是天降神迹。克雷纳称其为：能够撕碎已经设计好的明智计划，并着手另一个计划。[7]

麦当劳首席执行官唐·汤普森（Don Thompson）被解雇时，《华尔街日报》的霍尔曼·w. 詹金斯（Holman W. Jenkins）对"做老一套的事"发表了评论："如果要给唐·汤普森上一课，那就是每个组织都在继续做过去行之有效的事情，直到这些事不再奏效。麦当劳的问题显然是可以解决的，那些认为快餐已经过时，麦当劳注定失败的想法是愚蠢的。其实，最简单的做法就是停止做那些没用的事情。"[8]

市场和客户变化很快。因此，企业必须灵活、敏捷、迅速果断。拥有一个愿意关注外界变化，而不是只向后看的领导非常重要。亚马逊一开始可能是规模最大的书商，但它很快就发展成为一个庞大的零售市场，然后发展成为云计算产品。谷歌开始可能只是信息资源，助力我们的智慧，但它现在正在探索自动驾驶汽车、老化、机器人、技术创新，当然还有谷歌光学眼镜。

打造一种不担心被替代的文化至关重要。这并不是说要放弃企业的核心价值观，而是要做好准备，在一个快速变化的世界发挥领导作用。文化是这六大法则得以实施的重要组

成部分。要想摆脱困境，关键在于该品牌的高管们是否愿意
了解什么时候该向前看，放弃阻碍该品牌发展的战略。

注释

〔1〕 Munshi, Neil, and Scheherazade Daneshku, "FT Big Read: Coca-Cola. Sales Growth Is Slipping, Revenues Are Under Pressure and Shareholders Are Growing Anxious as Changing Tastes Take the Sparkle Out of the Company's Core Brand. Can a Cost-Cutting Strategy Reverse Its Fortunes?" *Financial Times*, April21, 2015.

〔2〕 Schmeltzer, John, and Delroy Alexander, "No Change in Strategy Planned for McDonald's; New CEO to Stay with Growth Plan," *Chicago Tribune*, November 24, 2004.

〔3〕 Cruz, Elfren Sicangco, "FRAMEWORK; Business Lessons for 2009," *Business World*, December2, 2008.

〔4〕 By Ellison, Garret, "Five Insights from the TEDxGR Conference," *Grand Rapid Press(Michigan)*, May 10, 2015.

〔5〕 Simon, Paul, "Kodachrome, Universal Music Publishing. Kodachrome They give us those nice bright colors They give us the greens of summers Makes you think all the world's a sunny day I got a Nikon camera I love to take a photograph So mama don't take my Kodachrome away."

〔6〕 *State News Service*, "Kodak Tries to Stay in the Picture,"October4,2011.

〔7〕 Crainer,Stuart,"The 50 Best Management Saves,"*Management Review*,November 1,1999,p16.

〔8〕 Jenkins,Holman W. ,Opinion: The Next McDonald's Turnaround, *The Wall Street Journal*, January 31-February 1,2015.

倾向 6：

缺乏创新

你知道哪个消费行业的新产品开发在 2014 年达到了顶峰，至少开发了 700 款新产品？如果你说啤酒业，那么恭喜你回答正确。根据美国的最新数据，"平均每 16 小时就有一家新工艺酿酒厂开业。"[1] 2014 年 11 月 6 日，米勒康胜公司首席执行官汤姆·朗报告称，南非米勒公司（SABMiller PLC）的最新贸易情况显示"……今年到目前为止，国内各地已经推出了 700 多个新品牌。所以这是一个非常繁忙的市场……"[2] 精酿、子品牌和各种啤酒种类完全改变了啤酒行业的格局。尽管有一些创新只是增加了新的口味，但上一款"清淡"啤酒着实令人震惊。

"过去一年里，不到 2% 的新产品销售额超过总销售额度的 25%。现在，正是这些销售额为我们的分销商和客户创造价值。"

"Redd 的分销商在第三季度增长了两位数。据尼尔森（Nielsen）的数据，Redd 的销售额增长了 36% 以上，是调味麦芽酒中增长最快的品牌。明年我们将推出 Redd 的青苹果啤酒，口味清爽、像酸涩的青苹果味。我们介绍过 Redd 的邪恶苹果……Redd 邪恶系列是一款高酒精含量的苹果麦芽酒，饮后神清气爽，精神抖擞，令你从酒醉中清醒，开启美好的一天。明年，我们将增加新口味，比如 Redd 的邪恶芒果。史密斯和福吉烈性苹果酒是今年推出的第一款针对千禧一代男性的苹果酒，它已经是该领域的第四款苹果酒了。"[3]

在一个瞬息万变、竞争日益激烈的营销世界里，品牌需要通过对顾客需求的洞察为创新驱动力，保持品牌相关度。创新为品牌注入活力，但并非所有的创新都必须类似于 iPod 或 iPhone，有些创新实际上是一种改良。

创新是通过解决方案开发新的客户价值，以满足新的需求、未明确的需求或以新的方式满足老客户和市场的需求。这意味着向市场、政府和社会提供不同的、更优的或更有效的产品、流程、服务、技术或思想。创新不同于发明，创新意味着使用更好的方法，产生新的想法，而发明意味着思想或方法本身的创造。此外，创新和改良也不是一回事：创新意味着做一些不同的事情（Innovare："改变"），而不是要把同样的事情做得更好。创新在于创造突破性的产品、服务和经验，解决个人问题或需求，它是一项高风险活动。

改良过程（重塑或重新成像）即改进现有产品、服务和体验性能（外观和感觉）。改良风险较低，应该持续进行。技术产业非常擅长这种持续改进的过程。

创新与改良是品牌的命脉，能保持品牌的相关性和时代性，并使品牌与客户的需求和爱好保持同步。创新和改良创造新品。正如我们前面提到的，当公司将资金投入增加股息而不是用于研发时，品牌就处于危险之中。

20 世纪 90 年代，首席执行官大卫·约翰逊（David W. Johnson）策划了金宝汤的转型，他被誉为天才和救世主。到 2000 年，约翰逊面临危机。正如媒体和观察人士所述，起初，削减成本和精简业务部门的做法虽然可以暂时停止亏损，但不会取得长远发展。扭亏战略不等于盈利战略。虽然约翰逊反驳说，他所做的远不止是榨干每一分钱，他的想法是，在研发上投入最少的资源，只生产易拉罐和即食汤。新英格兰咨询集团（New England Consulting group）的创始人加里·斯蒂贝尔（Gary Stibel）表示，这不利于保持该品牌在消费者眼中的最新形象，因为对消费者来说，实际的食品配料非常重要，该公司在这方面却缺乏创新。[4]

食品行业一直在变化，从罐装食品到方便食品，再到加工食品，冷冻食品，天然食品：低盐、低热量、低脂肪、无脂肪的有机食品，无谷蛋白食物等等。尽管不能说消费者的口味一夜之间会改变，但是，如果食品行业的一些品牌仍然骄傲自满，故步自封，不寻求面向未来的创新，那么，一方面新出现的品牌就会吸引走顾客；一方面顾客在杂货店过道或市场中会自发寻找别的产品。

金宝汤、瘦身餐（Lean Cuisine）、卡夫亨氏、凯洛格等品牌应该占据方便食品市场，但"方便"二字的理念已经发生了改变。现在，方便不仅仅是使用方便，而且指选择方便和容易想到。含有某种叫不上名的化学添加剂的加工食品让消费者很难做出选择，也不会让消费者安心。为你做饭和送餐的新公司正在为那些想要方便，又付得起钱的人服务。杂货店和餐馆服务于那些需要更多买得起的现成食品和外卖食品的消费者。承诺纯天然、非转基因、低卡路里、无谷蛋白、不含大豆、不含乳制品、不含鸡蛋、味道不错的品牌正在扩大市场份额，食品行业的创新近乎疯狂。想想"就是没肉"和"超越肉类"公司你就会明白，那些本应成为巨头的品牌，已不再流行。

另一个不断寻求改变的行业是玩具业。美泰是陷入困境的公司之一，缺乏创新放缓了公司的发展速度。在一个以不断发展的娱乐体验为基础的世界里，缺乏创新是死路一条。获得许可的确有用，但它更多的是一种改良。该公司一位新上任的首席执行官（2015 年上任）认为，关键问题是改良芭比娃娃，让她恢复到之前全盛时期的盈利能力。美泰通过改变创新过程来实现这个目标，其中一种方法是，"……更仔细地倾听消费者的意见，并与一家可以征集公众创意的外部公司 Quirky 达成合作。"[5]

　　有时候，创新可能会走极端，杰西潘尼最近的经历可以证明这一点。罗恩·约翰逊（Ron Johnson）从苹果公司来到这里，改变了杰西潘尼的所有购物体验。例如，他停止促销杰西潘尼的某一股票。由于失去顾客，约翰逊丢了工作。有趣的是，约翰逊上任是维权对冲基金投资者威廉·阿克曼（William Ackman）的选择。但潘尼不是苹果专卖店，苹果商店推广全价销售的尖端消费技术。这和经常光顾杰西潘尼的顾客不一样，他们喜欢店里的促销活动（如蓝光特价），这会让他们认为自己买到了便宜货。约翰逊先生在没有了解顾客的情况下，做了自认为很有说服力的事，这种方法未经验证和测试。他说，"我以为人们已经厌倦了优惠券之类的东西。而事实上，有些顾客就喜欢我们的票券兑换活动，他们选择本店就是因为受到这些活动的吸引。因此，我认为，我们的核心客户比我想象中更加依赖和享受优惠券。"[6]

　　品牌创新有时只被视为企业内部某个部门的职责，而不会被当成一种激励人心的文化力量。要打造创新型的品牌文化，创新必须成为企业文化的一部分，不能脱离企业文化，它不可能是一个人或一小群人的事情。创新必须成为品牌团队日常生活的一部分。品牌创新可以是产品或服务，也可以是新的系统或新的评估方式，品牌创新必须以提升品牌价值为目的。戈尔（W. L. Gore）、3M、谷歌和苹果（Apple）就将品牌创新当作一种文化特质。

注释

〔1〕 Daneshkhu, Scheherazade, "Craft Brewers Poised to Refresh More Parts of the US, Artisanal Products Go Mainstream as They Spread Out from Western States, *Financial Times*, August 17, 2015.

〔2〕 *FD (Fair Disclosure) Wire*, "Miller Coors Trading Update Presentation-Final," November 6, 2014.

〔3〕 Ibid, Miller Coors Trading Update.

〔4〕 Abelson, Reed, "The First Family of Soup, Feeling the Squeeze; Should It Sell, or Try to Go It Alone?" *The New York Times*, July 30, 2000.

〔5〕 Whipp, Lindsay, "Barbie Has a Heroic Makeover to Face Off the New Kids on the Block: Toymaker Mattel Plays with Superhero Theme as Girls Seek Stronger Female Roles," *Financial Times*, August 22-23, 2015.

〔6〕 Reed, Marlene M., and Rochelle R. Brunson, "J. C. Penney: An Overhaul for the Overhaul," *Online Journal of International Case Analysis*, Fall 2014, Vol. 5, No. 2ISSN: 1548 – 5137, p1.

倾向 7：
忽视核心客户

2002 年，我们到达麦当劳时，发现有一件事已经很明了：顾客正在远离这个品牌。此外，人口统计结果也显示不利于该品牌发展——女性生育率越来越低。有孩子的家庭越来越少，做"亲子品牌"就更难了。"桶漏了"（意为客户终身价值降低），品牌在吸引新客户和留住现有客户方面遇到了困难。该品牌的核心顾客仍然光顾麦当劳，但没有之前那么频繁。而且研究表明，"大多数最经常光顾麦当劳的顾客不喜欢在那里吃饭，光顾麦当劳只是因为它既方便又便宜。"[1]

观察家认为，过去的 10 年中，麦当劳忽视了核心顾客以及核心顾客喜欢麦当劳的原因。目前麦当劳明显将重点放在所谓的竞争对手"休闲快餐"上，如 Chipotle（墨西哥风味）和帕纳拉面包（Panera Bread），导致核心快餐客户流失到汉堡王（Burger King）、温蒂汉堡（Wendy's）、大力水手卜派（Popeye's）和 chick-fil-A（炸鸡店）等竞争对手那里。随着越来越多竞争对手的出现，顾客对休闲快餐的青睐，加上偏高的价格和偏多的定制菜单，传统快餐很可能会因为价格不实惠而将核心客户拒之门外。客户不满意核心产品的质量和味道。好消息是，最近的一些行动似乎表明，提供吸引核心客户的产品背后，涌现出新的活力，比如酥脆的酪乳鸡肉三明治、改进汉堡三明治的味道，以及提高肉蛋汉堡的质量，这些举动正在发挥作用。新的管理团队可能已经重新评估了什么才是对客户群真正有意义的事。正如我们在网上讨论的那样，全天候早餐对核心客户群也很重要。然而，现在就想知道它是否能像最初所希望的那样大获成功，还为时过早。

史蒂夫·伊斯特-布鲁克（Steve Easter-brook）被任命为首席执行官后不久，一名记者写道：麦当劳的核心顾客仍在寻找突破口，售价 3.99 美元的巨无霸（Big Mac）汉堡。事实上，大约三分之二的顾客是在免下车柜台点餐的。如果伊斯特-布鲁克试图吸引更富裕、对食物更敏感的顾客，他肯定知道麦当劳已经在这条路上走了许多弯路。1987~2006年，麦当劳公关部门的迈克·多纳休（Mike Donahue）指出，公司尝试了一系列令人眼花缭乱的策略来重塑企业，摆脱不良形象，比如推出新产品、提供更健康的选择、降低价格、提高价格、店面改造和提高透明度，但收效甚微。现在，该公司比以往任何时候都面临着更大的品牌相关度挑战。"多纳休说。[2]

有很多企业忽视了对核心客户的关注，并因此遭受损失，这是品牌转型时需要解决的问题之一。现在，人们认为乐高已经成功度过了几段糟糕的时期，成为品牌复兴的典范。然而，在低迷时期，该品牌有时会"分心"，乐高高层管理人员将业务扩展到玩具以外的领域，目的是将乐高打造成一个生活品牌。乐高建立了乐高主题公园，并涉足乐高软件和服装领域。并不是所有的产品都失败了，但它们给企业制造了很多干扰，导致乐高忽视了自己的核心业务。高管们忙于设计服装和考察主题公园的位置，而不是构思新的玩具，销售额因此急剧下滑：从2002年到2004年，收入下降了16%，只有9.87亿美元，亏损严重。[3]

2011年，沃尔玛掉进了陷阱，越陷越深，甚至比自己和华尔街能意识到的程度更深："沃尔玛减少其同名折扣店的产品，过失公司正在疯狂地实施新的管理和正确的计划纠正错误，重新关注其核心低收入客户。"同样，对其核心产品注意力的分散也造成了麻烦。该品牌开始扩张，发现自己有了新的竞争对手，但没有给予关注。H&M、优衣库（Uniqlo）和梅西百货（Macy's）都在平价销售时尚服饰，沃尔格林正在销售食品，塔吉特百货也在向新鲜食品领域扩张。"他们的范围太大，想要发展的领域太多，想要做的事情太多。"斯科特公司的分析师戴维·斯特拉瑟（David

Strasser）说。斯特拉瑟对沃尔玛的观察很到位："沃尔玛忽视了其核心顾客，其中许多顾客依靠政府援助维持生活，如失业救济金和食品券。"[4]忽视核心客户及其问题、需求和购买场合，可能会毁掉品牌。在某些情况下，由于亏损过大，首席执行官或至少首席营销官要被免职。

值得一提的是，2003 年，杰西潘尼解雇了首席执行官罗恩·约翰逊，因为他彻底改变了整个潘尼的理念。批评约翰逊改革的声音很大，约翰逊忽略了潘尼的顾客看重价格和喜欢促销的特点。由于推出价格昂贵的商品，以及削减计日和计时促销活动，约翰逊不仅失去了现有客户，也未能吸引到新的客户。由于销售额下降速度过快，董事会解雇了约翰逊先生。[5]

大量数据证明核心客户的价值所在。20 世纪 90 年代初，研究公司和咨询公司花费大量资金来了解品牌价值。品牌价值的衡量方法就这样诞生了。这个品牌值多少钱？我们如何在公司的资产负债表上反映这个价值？关于忠实顾客对品牌所具有的终生价值，费得列克·雷克海做了开创性的研究，这一研究改变了品牌提供服务的方式。他的数据显示，随着品牌忠诚度的提高，顾客由于竞争性价格促销而叛离的可能性会降低。他得出的结论是，将顾客叛逃率降低 5% 可以增加 25% 甚至更多的利润。[6]我们（Arcature）分析和进行的另一项研究表明，忠实顾客的价值是只关注你的品牌的顾客价值的 8 倍。这就是为什么一个合理的，可行的制胜计划（参见倾向 10：缺乏连贯的制胜计划），比如坎塔卢波/贝尔/莱特在麦当劳创造的制胜计划，以此作为其底线，创造一个购买频率高，对品牌忠诚，愿意花钱，能让品牌获利的顾客群体。因此，要进行核心客户分析，准确了解谁是品牌最忠诚的客户。

失去一小部分核心客户，不但会造成品牌收入不成比例的损失，也将影响该品牌的形象和声誉。跟踪品牌"叛逃者"，了解他们心中品牌存在什么样的问题最为关键。不要问人们想要什么，而是问他们有什么问题。2015 年 2 月，我们为《华尔街日报》[7]写了一篇关于麦当劳的评论文章。文章发表后，我们对网上的评论进行了分析。受访者提供了超过 235 个有关该品牌的问题，从食物的味道、服务质量、卫生间的清洁到等候时间、服务人员态度粗鲁等等。诚然，这是《华尔街日报》自选的读者样本，它的读者可能是比较富裕的群体，他们消费得起麦当劳的定制服务。然而，这些问题的存在都与缺乏个性化的食品无关。（关于本文提到的问题，请参阅麦当劳的在线案例）。

注释

〔1〕Light, Larry, and Joan Kiddon, *Six Rules of Brand Revitalization：Learn How Companies Like Mc Donald's Can Re-Energize Their Brands*, Wharton, 2009, p80.

〔2〕Strom, Stephanie, "Mc Donald's Seeks Its Fast Food

Soul. McDonald's Is Having an Identity Crisis," *The New York Times*, March 8, 2015.

〔3〕 *Newsweek*, "Building an Empire One Block at a Time," April 16, 2007.

〔4〕 Edelson, Sharon, and Evan Clark, "A Behemoth Stumbles: Wal Mart Scrambles to Fix Stores," *Women's Wear Daily*, February 23, 2011.

〔5〕 Tabuchi, Hiroko, and Rachel Abrams, "4 Different Turnaround Tales at Retailers Sears, Kohl's, Gap and J. C. Penney," *The New York Times*, February 27, 2015.

〔6〕 Reichheld, Frederick, *The Loyalty Effect*, Harvard Business School Press, 1996.

〔7〕 Light, Larry, "How to Revive McDonald's: With Fourth-Quarter Earnings Dropping 21% and Global Sales Down, the Company Needs a Back-to-Basics Turnaround," *The Wall Street Journal*, February 10, 2015.

倾向 8：
回归原初

有时候，我们把想要一直保持旧观念的愿望称为"回归原初"。诚然，我们须维护品牌的核心元素，但这些元素必须始终与时俱进，保持相关度，所以需要更新、刷新、提炼，以适应时代特征。美泰正努力改良芭比娃娃，这个娃娃继承了之前的优点，但是不让她回归到曾经的样子，又怎能让她在如今的环境下保持相关度呢？（2015 年 9 月 20 日，《纽约时报周日杂志》发表了一篇关于人工智能应用于芭比娃娃的文章《她现在有了大脑》）

2010 年，吉姆·斯金纳（Jim Skinner）升任麦当劳首席执行官 4 年后，英国《金融时报》报道，麦当劳正在继续回归原初："……回归原初证明了临时上任的领导的成功之处"（斯金纳）。[1]事实上，回归原初的决定掩盖了斯金纳所接手的积极势头。

2010 年这则报道后，情况变得更糟了。2015 年，哥伦比亚广播公司（CBS）新闻报道称："麦当劳最近登上了新闻头条，但出于种种错误的原因，人们猜测金色拱门的黄金时代已经结束。"食品行业分析师认为，麦当劳不会走伍尔沃斯（Woolworth）、施拉夫特（Schraft）和自动贩卖式餐馆的老路。但是，世界上最知名的品牌之一正在衰落，并在新的领导下找寻新的战略。关于解决方案，加盟商和餐厅老板的顾问在采访中表示，他们希望新任首席执行官伊斯特-布鲁克能缩减麦当劳不断增长的菜单，将精力集中在汉堡和薯条等核心产品上。[2]

专注于核心产品是绝对必要的。只要提醒自己，汉堡王的转变是多么显著，在一个不断产生新的汉堡和薯条的食品链烹饪环境中，它只专注于汉堡和薯条。然而，要确保对品牌核心的关注具有相关性和时代性。最初，我们在麦当劳工作期间认识到，要恢复相关度，我们的品牌核心仍然是强大的，但必须改变我们的表达方式，使其具有当代性。我们的品牌个性从"每个人都是孩子"变成了"每个人都渴望年轻"，从"我们的内心充满童真"变成了"我们都有一颗年轻的心"。我们把品牌形象的最有效点从 7 岁改为 22 岁，因为年轻人渴望成熟，而年长的人渴望年轻。作为一个标志性的品牌，人们认为麦当劳永远存在，其精神也永远年轻。通过将这两个想法最大化，我们能够更新品牌个性。我们没有回头创造过去，而是为一个新的成功品牌的未来奠定基础。

　　"回归原初"已经成为通用语言，它代表着"我们没有新想法，所以返回我们了解的地方，直到产生新的想法"。这太不幸了。"原初"通常是泛泛而谈的类别，少有或没有体现品牌差异性。"原初"是"绿色费用"（为在高尔夫球场上打球的特权支付的费用）或"桌面筹码"。原初的东西是没有区别的，不确定的东西，无人能敌。事实上，"原初"是用来定义特性和功能利益的类别。而且，如果你的品牌没有基本的分类定义元素，它就无法参与竞争。正确理解"最初"是实现品牌差异化的必要但不充分条件。品牌必须创造具有相关度、差异度的用户体验，"原初"只是为其提供基础。

　　情况不妙时，回归原初通常是首席执行官寻找信息的信号，这是分析师们首肯的通用策略。因此，当英国杂货巨头乐购（Tesco）承认企业发生了一场严重的、破坏品牌形象的危机，并任命了一位新的首席执行官时，它选择回归原初，应对一切。[3]雅芳也发生过这种情况……一个正在考虑出售的品牌。前董事长钟彬娴女士表示，"做一名'回归原初'的首席执行官，她鼓励公司专注于备受推崇的护肤品和化妆品……"不考虑最新的时装和礼物，[4]这似乎是 Gap 面临的问题之一，这家零售商正努力与同一层次的竞争对手艾伯克龙比（Abercrombie）、J. Crew 以及 H&M 和 Zara 等新品牌竞争。该品牌没有寻找与 Gap 穿戴者相关的流行趋势，而是继续采用一种相当乏味、毫无亮点的时尚方式，但提供

"令人眼花缭乱的选择"。坚持"原初"只会让它成为一个无法前进，缺乏竞争力的品牌。现任首席执行官表示，该品牌曾有过辉煌，但只是昙花一现。[5]（截至本文撰写之时，Gap 公司表示将尝试一些"快时尚"产品，某些店里会有小批量的这种产品。[6]）

　　某些情况下，"回归原初"可能意味着回归那些被更新、更时髦的东西所抛弃的典型的、标志性的元素。微软已经发布了 Windows10，但在 2015 年 3 月，公司宣布即将发布 Windows 10 时，微软解释了一些关于 Windows 10 的细节问题。负责 Windows 设计和开发的微软高管贝尔菲奥雷（Joe Belfiore）说，公司将在 Windows 10 上回归原初，并证实消失于 Windows 8 的著名的"开始"菜单将重新出现。我们希望找到平衡点，让所有 Windows 7 用户都能在已有的设备上获得熟悉的体验，这样做可以让你熟悉 Windows 7 和 Windows 8 的一些元素。他说，从 Windows 8 升级到 Windows 10 就像是从普锐斯（Prius）升级到特斯拉（Tesla），用户不需要学习任何新的驾驶方法。"[7]

　　2000 年 7 月，在经历了连续三个季度销售额下降后，金宝汤公司发布了一份新闻稿，宣布了一项"回归原初"的计划，重点关注核心产品的新种类、包装创新和市场推广。为了实现这种返璞归真，公司再次聘请了大卫·约翰逊担任首席执行官，他把"回归原初"计划称为"反击"计划。到 2001 年，又来了一位新的首席执行官。[8]

"回归原初"的另一个问题是，在这个快节奏、不断发展的世界里，"最初"在改变。回归原初，面对一些可能不再需要或不太想要的东西，或者是过时的，不再有意义的东西，这会导致品牌挫败。例如，10 年前，酒店内免费、无限制的 Wi‑Fi 并不是"最基本的"，但今天是，一份 10 年前的酒店基本服务清单并不包括 Wi‑Fi。这是否意味着回归原初就要丢掉这些基本的、预期的特性？

回归原初不是一种策略。我们要为未来制定战略，而不是仅仅复制过去。维持品牌走到今天的东西，并不能带它到达明天的目的地。作为战略的一部分，应该明确哪些品牌过去的元素仍然相关，如何让它们保持最新，如何改进，还要明确过去的哪些元素不再相关。

注释

〔1〕 Farrell, Greg, and Hal Weitzman, "Mc Donald's Vows to Keep It Simple: Returning to Basics Proved a Success for Accidental CEO," *Financial Times*, December 14, 2010.

〔2〕 *CBS News*, "The Mc Donald's Slump: Are Golden Days of Golden Arches Over?" February 28, 2015.

〔3〕 Ruddick, Graham, "Tesco Reveals 26. 4bn Loss: Supermarket Group Reports the Biggest Loss in Its 96-Year History After Slump in Sales and Accounting Scandal," *The Telegraph* (*UK*), April 22, 2015.

〔4〕 Byron, Ellen, and Joann S. Lublin, "Lackluster Avon Explores Makeover: Falling US Sales, Murky Strategy Force Beauty Firm to Consider Shift," *The Wall Street Journal*, April 28,2015.

〔5〕 Tabuchi, Hiroko, and Hilary Stout, "Gap's Fashion-Backward Moment: A Classic American Retailer Struggles to Catch Up with Chic and Cheap Foreign Competitors," *The New York Times*, June 21,2015.

〔6〕 Kapner, Suzanne, "Gap Plans Fast-Fashion Test to Get a Jump on Trends, "*The Wall Street Journal*, August 21, 2015.

〔7〕 Griffiths, Sarah, and Mark Prigg, "Microsoft WILL Kill Internet Explorer: Company Confirms Browser Will Be Replaced by Project Spartan, "*MailOnline*, March 17,2015.

〔8〕 Abelson, Reed, "The First Family of Soup Feeling the Squeeze: Should It Sell, or Try to Go It Alone?" *The New York Times*, July 30, 2000; and Winter, Greg, "Campbell Soup Picks Chief, Playing Down Talk of Sale," *The New York Times*, January 9,2001.

倾向9:
缺乏相关度

　　品牌对于今日之顾客最大的意义是什么？是什么让这个品牌对他们如此重要？在苏格兰，相关度指的是法律上相关的术语，而在中世纪的拉丁语中，相关度的词根 relevare，意为"抚养"。[1]对于品牌来说，两种意义都可适用。相关度作为基本的品牌承诺和知识产权的一部分，不能被损害。相关度提升了一个品牌在顾客心目中与其他竞争群体相比而言的特殊形象。我们将在第二部分"回顾重塑品牌六法则"中讨论到，恢复品牌相关度对品牌复兴和扭亏为盈至关重要。

　　保持品牌相关度是六大法则之一。保持相关度意味着时刻关注市场环境、细化市场、密切关注客户、竞争品牌和自己品牌的变化，产生内在的兴奋感、活力、好奇心和创造力，使自满情绪不复存在。重要的是，为所有想法敞开大门，无论它来自何方。

"想法是一种强大的资源。想法被释放时犹如猛虎出笼，甚至可以撼动大山或政府。想法无处不在。如果来自品牌中心（或总部）之外的想法被全盘否定，那就是傲慢或嫉妒。想法无处不在，重要的不是它来自一个多大的国家（或一个县），而是想法本身的大小。"[2] 好点子不问出处，可以让一个品牌保持相关度，避免自满，使企业文化与时俱进。

工业化食品行业受到的批评之一是没有认真对待美国人饮食习惯的变化，[3] 美国啤酒行业也是如此。南非米勒的首席执行官艾伦·克拉克（Alan Clark）向英国《金融时报》表示，大型酿酒商最初忽视了精酿啤酒。"我们太迟钝了，没有意识到小型酿酒商在比赛中处于领先地位。我们原以为这种口味的改变是短暂的，但现在正努力重新定位，增加对手工艺行业的关注和投资。"[4] 2015 年 11 月，两大酿酒巨头安海斯-布希英博和南非米勒宣布了一项潜在的合并计划，目前正在接受监管审查。两家公司如此做一定是希望做大企业，让企业变得更好、更强。据推测，在美国，这次合并意味着南非米勒将要摆脱康胜。

另一家试图在新一轮改变食品期望值的浪潮中顺势前行的公司是金宝，它很早就把注意力放到顾客对低钠汤的需求。然而，该公司首席执行官向分析师承认，将钠从汤中去除，代之以海盐的极端做法，可以生产出更健康、但味道不是很好的汤。[5] 金宝没有意识到（也许是因为研发部是金宝公司的一个独立部门）天然的、有机的、新鲜的、未经加工的、真正好吃的食物数量在与日俱增。在这个过程中，金宝忽略了这样一个事实：加工食品、罐装食品、冷冻非冷藏以及人工调味品都是不好的字眼。该公司未能预见到未来会发生什么，也未能理解健康的定义正在发生变化。该品牌现在正努力追赶那些"未知"成分较少、被认为更健康的食品。金宝也没有看到"方便"的定义在改变，不了解当前对方便的定义也影响了冷冻食品的生意。

在此之前，我们讨论了坚持做昔日一直奏效的事情和回归原初，这两种向后看的倾向都不利于保持品牌相关度。你不可能做到前进的同时还要后退。

金宝汤公司反复强调浓缩汤的相关度。1999 年，一名分析师报告称，该公司决定，其核心、标志性产品浓缩汤不会在所有方面都与消费者相关。[6] 2010 年，首席执行官道格拉斯·科南特（Douglas Conant）在一次分析师会议上表示，他坚信浓缩汤的相关度。"9 年以来，我们一直在谈论浓缩汤。今天，我们终于研发出来了，谈论的话题已转向明年大规模重新推出浓缩汤，以及今年浓缩汤的稳定表现。肉汤和羹方面业绩一向稳定，汤产品组合中，一半以上都传出好消息，前景一片光明。"[7]

要理解品牌的相关度，就要了解产品和服务相比竞争对手而言，是否能更好地满足客户和市场需求。此外，品牌差异化的衡量标准只有三条：优于替代品、具有独特性和更好的可购性。你的品牌也有可能注意且做到了以下三点：卓越、独特、实惠。

有必要进行基于需求的市场细化。单纯的行业分类、价格分类和产品分类并不能反映客户需求。例如，汽车业往往用客户从不使用的语言来划分产品——中型豪华车、准豪华车、入门级，但是客户在进入经销店时，根本不会考虑这些概念，客户有自己的需求。他们想要一辆能载几个孩子的车，而且能和重要的人一起过户外夜生活。或者，他们想要一辆性能良好的运动型汽车，非常适合在蜿蜒的乡村道路上行驶，又或者想要一辆越野车来应对冬天。

酒店业也是如此。即使在酒店业性质不断变化的背景下，该行业仍在使用与客户需求不符的术语。例如，超豪华、豪华、高端、中端、优质、选择服务、有限服务、延期住宿、精品酒店等。难道顾客会这样计划他们的旅行吗？客人了解服务和有限服务的区别吗？这是否意味着精品酒店不能是豪华酒店？豪华和高端有什么区别？

这样的行业、价格和类别划分并不具有相关性，这也是雅芳遭受损失的原因之一。曾几何时，美国大多数妇女都呆在家里，随着中产阶级日益富裕，她们想要学习正确的化妆方法。但是购买化妆品的零售渠道较少，药店和百货商店是她们唯一的选择。然而，一段时间以前，国内销售环境发生了改变：今天在家购物就是网上购物。女性在家的时间较少，如果在家，她们的空闲时间都用于拼车、动感单车课程和课后活动。因此，丝芙兰双管齐下，线上和大型购物中心均可进行品牌体验。

这篇文章撰写之时，GAP 就因缺乏相关度而遭受损失。曾经将卡其裤、牛仔夹克和条纹呢帽带入美国的标志性零售巨头，如今已失去了魅力。服装零售行业的变化和美国及全球食品口味的变化一样快。观察人士表示，Gap 夹在中间，一端是昂贵的时装（香奈儿、普拉达、古驰），另一端是折扣服装（T. J. Maxx、Burlington Stores）。但更重要的是，GAP 已经失去了它的核心客户：青少年和年轻人。优衣库（Uniqlo）、H&M 和 Zara 现在都以实惠的价格提供时尚资讯和灵感。正如 H&M 的总裁所说，"如果你停止更新团队，如果你没有正确判断发展趋势，并注重收集一季又一季的时尚元素，你的客户就会去其他地方。"[8]

可口可乐首席执行官穆泰康正面临着可口可乐品牌缺乏相关度的问题。提到含糖碳酸饮料时，这个全球品牌正处于迅速发展的反弹期。数据显示，食品相关的变化迫使通用磨坊（General Mills）、凯洛格（Kellogg）、卡夫（Kraft）、雀巢（Nestle）、亿滋（Mondelez）和 Frito－Lay（油炸玉米饼）等品牌修改配方，这在某种程度上也影响着饮料品牌。过去 10 年，碳酸饮料销量下滑，可口可乐为了保持相关度，会在推出非碳酸饮料品牌的同时，找出保持可口可乐相关度的最佳策略，这不是一件容易的事。然而，所有人都认为，穆泰康不这么看待世界格局的变化。有趣的是，可口可乐多年来一直在进行基于场合的市场细分。可口可乐确定了 30 个客户场合,这是该品牌营销战略的基础。拥有这些有价值的信息对于保持核心产品的相关度至关重要。首席执行官穆泰康不放弃核心产品是有道理的,但必须让它跟上消费者不断变化的饮食需求。摩根大通(J. P. Morgan)饮料分析师约翰·福奇尔(John Faucher)表示:"最大的问题是没有意识到世界已经变了。"[9]而且,我们告诉客户,基于需求的场合细分是基础,但它不是一块石制纪念碑,它必须与时俱进。

雀巢与冷冻食品较劲,它高调通知消费者,要求他们购买新鲜、未加工,更有助于健康的食品。由于冷冻食品相关度降低,雀巢将投资用于改良其冷冻食品。公司意识到,这不仅关系到原料健康,也关系到制备这些原料的过程。此外,在家里做冷冻食品,也就是解冻和再加热,会改变饭菜的味道,也就算不上新鲜食品。消费者正在远离"工业"食品。

谈到该公司的招牌"食物"——瘦身餐,它的变化的确很大。在美国,该品牌正重新定位,试图摆脱之前客户的印象,即这是一种经过大量化学处理的冷冻减肥食品。雀巢承认,瘦身餐失去了相关性,不仅是因为冷冻食品在人们眼中不是很健康,还因为它秉持过时的减肥和控制体重的理念。越来越多的消费者将有机、新鲜和现场加工的食品视为比低脂肪、低卡路里和无味食品更好的体重管理工具。[10]目前,瘦身餐试图通过改变膳食范围,选用更健康的配料和工艺,重新与注重体重的顾客建立联系。雀巢的其他全球速冻产品也在进行调整，以满足消费者的期望和饮食习惯。

想保持相关度，你得了解顾客需要什么，以及他们如何获得产品和服务，了解相关的使用场合也很重要。一些营销人员开始意识到，做营销决策时，"场合细分"很有意义：如何、何时、何地使用产品都是有价值的信息。路易斯·费尔南多·埃德蒙德（Luiz Fernando Edmond）是全球最大啤酒制造商百威英博（AB InBev）的首席销售总监，该公司旗下品牌有百威、时代和科罗娜。埃德蒙接受采访时说："我觉得精酿啤酒不错，加入工艺可以卖更高的价钱，也能创造新的消费场合。它在餐馆里卖得很好，在以前葡萄酒比较流行的餐饮场合也卖得很好。所以，这对我们来说是一个巨大的机会。"[11]

当一个品牌失去相关度时，可能会走向死亡。但并非所有品牌都要经历死亡周期。认为品牌会随着时间的推移而消亡的想法并非不可避免。其实，死亡周期是品牌领导力低下的结果。一个品牌如果能敏锐地洞察是什么使得自己在这个时代中保持相关度，就能从死亡漩涡中自我创新。IBM 可能已经失去了计算机和笔记本电脑产品的相关度，但是它通过专注于服务器资讯和云计算拯救了自己。摩托罗拉拥有移动电话和步话机的时间比其他任何品牌都早，但它在消费者中的优势被苹果、三星、LG 和黑莓夺走了。黑莓（Black Berry）正试图重组，尝试开辟一条新路线，减少对硬件的关注，转向专利和安全产品。

大力水手的首席执行官谢丽尔·巴舍尔德意识到，大力水手品牌曾经一度失去了相关度，变得疲惫不堪，无法找到合适的方式与客户群进行沟通。然而，目前该品牌的表现非常出色。据首席执行官巴切德说，这是因为该品牌现在专注于与其相关的路易斯安那特色，带来积极的品牌体验。[12]

让品牌及企业更加以顾客为导向，以洞察消费者需求为先，有助于保持品牌的相关度。品牌只有不断更新其所承诺的用户体验，才能跟上顾客不断变化的品味。这意味着要在可行的、有说服力的制胜计划中制定一个结构化、但又很灵活的战略。

注释

〔1〕 Mac Air New Oxford American dictionary.

〔2〕 Light, Larry, *and Joan Kiddon*, *New Brand Leadership*: *Managing at the Intersection of Globalization*, *Localization and Personalization*, Pearson, June 2015, p197.

〔3〕 The Economist, "Slimming Down: America's Processed-Food Makers Are Having to Adapt to Declining Popularity," May 2, 2015; Gasparro, Annie, "Changing Tastes Hit Food Sales," *The Wall Street Journal*, October 31, 2014; Gasparro, Annie, "Kellogg Chases Changing Consumer," *The Wall Street Journal*, May 6, 2015; Gasparro, Annie, and Erin Mc Carthy, "General Mills: Consumers Lose Appetite, *The Wall Street Journal*, September 18,

2014；Strom，Stephanie，"Mikey Doesn't Like It Very Much，Anymore：Cereals Struggle as Tastes，Habits，Morning Rituals and American Demographics Change，"*The Wall Street Journal*，September 11，2014；Leonard，Devon，"They're GR-R-Rossl：Carbs，Sugar and Stubbornness Are Killing Kellogg，*Bloomberg Business Week*，March2−8，2015.

〔4〕 Daneshkhu，Scheherazade，"Craft Brewers Poised to Refresh More Parts of the US，Artisanal Products Go Mainstream as They Spread Out from Western States，*Financial Times*，August 17，2015.

〔5〕 Askew，Katy，"Focus：Campbell Renews Focus on Consumer Insight for NPD，"*Just-Food Global News*，July 25，2013；*and Journal of the International Academy for Case Studies*，"Campbell：Is the Soup Still Simmering?"May 1，2012.

〔6〕 Pollack，Judann，"Campbell Loses Its Appetite for Condensed Soup；Dramatic Strategy Reversal Likely to Sink $ 50 Mil BBDO Campaign，"*Advertising Age*，January 1999.

〔7〕 FD（*Fair Disclosure*）Wire，February 22，2010，Event Brief of Q2 2010 Campbell Soup Earnings Conference Call-Final.

〔8〕 Tabuchi，Hiroko，and Hilary Stout，"Gap's Fashion-Backward Moment：A Classic American Retailer Struggles to Catch Up with Chic and Cheap Foreign Competitors，"*The New York Times*，June 21，2015.

〔9〕 Esterl, Mike, "Coke Chief's Solution for Lost Fizz: More Soda. Despite Changing Tastes, CEO Kent Doubles Down on Carbonated Drinks," *The Wall Street Journal*, March 19, 2015.

〔10〕 Whipp, Lindsay, "Nestlé Seeks to Defrost Growth in Frozen Foods: Group Bets on Shedding the Segment's Processed' Image with $50m Research Centre," *Financial Times*, July 22, 2015; and Gretler, Corinne and Craig Giammona, "Nestlé Tries a Different Recipe for Lean Cuisine: It's Ditching the Frozen Food Brand's Focus on Calorie Counts;" This Is Not Going to Happen Overnight, *Bloomberg Business Week*, June 29-July 5, 2015.

〔11〕 Ibid, Daneshkhu, Scherehazade.

〔12〕 *The San Mateo Daily Journal (California)*, "Popeye's CEO on Hivals, Why Deep-Fried Wins on Menus," March4, 2015; and *FD (Fair disclosure)* Wire, Popeye's Louisiana Kitchen, Inc. at ICR XChange-Final, January 12, 2015.

倾向 10：
缺乏连贯的制胜计划

担任麦当劳首席执行官期间，吉姆·斯金纳（Jim Skinner）多次称赞该品牌的制胜计划，称其为麦当劳在一个又一个季度实现收益增长指明了方向。麦当劳的制胜计划是吉姆·坎塔卢波、查理·贝尔和拉里·莱特的杰作，是为麦当劳扭转颓势精心设计的三年蓝图。在查理·贝尔去世之前，多次谈到了制胜计划 2.0，该计划将引导这个品牌成功渡过转型期，他明白扭亏为盈计划和增长计划是有区别的。然而，随着时间的推移，制胜计划中许多以客户为中心的要素都逐渐被淡化。不幸的是，制胜计划变成了工作计划，而不是品牌计划。品牌周围的世界改变了，战略计划也与消费者不断变化的需求脱节了。

制胜计划是一份一页纸的战略文件，阐明了品牌发展需关注的八个方面（即 8Ps）：宗旨（Purpose）、承诺（Promise）、人力（People）、产品（Product）、地点（Place）、价格（Price）、促销（Promotion）和业绩（Performance）。正如我们在前两本书中所述，这是任何品牌复兴的重要组成部分。我们将在第二部分"回顾重塑品牌六法则"中继续讨论。连贯的制胜计划是一个品牌最重要的指导文件，它概述了品牌的行动方向，它将建立品牌偏好，并推动持久的盈利性增长，它还有助于定义每个品牌的行动计划，以及定义衡量品牌目标进展的指标。

制定一个协调一致的战略，将员工和外部合作伙伴联系起来，可以在通往绩效的道路上取得很大成就。在杰西潘尼解雇罗恩·约翰逊后，新上任的首席执行官迈克·乌尔曼改变了公司的战略计划。在 1 年的时间里，尽管零售业前景并不乐观，但该品牌仍实现了季度利润和同店销售额增长。该计划并没有把重点放在削减成本上，而是将品牌重新定位于它擅长之处，同时通过风格、尺寸和气候差异的本地化来更新这一定位。[1]

1993 年，郭士纳（Lou Gerstner）上任时，IBM 陷入了严重的困境，当时这个公司有 128 名员工拥有首席信息官头衔。郭士纳放弃之前将公司划分为 9 个部门的计划，转而将公司统一于 IBM 品牌之下。他确保 IBM 的每个人都致力于 IBM 在咨询和服务方面的优势。他对公司的奉献精神，以及所制定连贯的制胜计划，为电子商务和当前的云服务奠定了基础。[2]

同样，2000 年，我们与卡洛斯·戈恩（Carlos Ghosn）合作，制定并实施了最初的日产品牌转型计划。他的 3 年计划目标远大，立场坚定。公司每周亏损数百万美元，却没有导致恐慌感。他关闭工厂，解雇员工，改变了日本终身工作的传统。与此同时，他把资源投入到品牌设计和提高质量上，并且聘请中村史郎（Shiro Nakamura）担任设计主管，让所有员工学习日产的品牌承诺。戈恩向全球商业媒体、经销商和员工承诺，他们将取消汽车经销商用来与潜在买家谈判的巨额激励措施。

我们得到的教训之一是：制胜计划需要得到领导层明确、一致、直观，以及口头的支持。制胜计划必须包含品牌愿景和实现这一愿景的计划，这是一个自上而下的战略。没有清晰而充满活力的制胜计划，品牌就没有方向。

J. Crew 就是这种情况。当时，金融股权公司的人管理着这家公司，并任命马克·萨法利（Mark Sarvary）担任首席执行官。萨法利曾在贝恩公司（Bain & Company）工作，后来以总裁的身份进入雀巢（Nestle）的冷冻食品部门。他最初被任命为财务主管，但很快又成为决策者。由于他对时尚行业、面料、风格和色彩都不了解，所以他依据自己的理解领导公司，而不是考虑客户能获得什么好处。"他没有清晰地说出 J. Crew 与其他数十家销售斜纹棉布裤和毛衣的公司有何不同。"J. Crew 的高管明确表达了缺少品牌愿景的担忧。例如，他们抱怨说，没有制定出区别于 Gap 的行动计划。直到米勒德·E. 德雷克斯勒（Millard（Mickey）E. Drexler）的加入，J. Crew 的战略才得以整合，并在 2003 年成为一个具有相关度、差异化的品牌。[3]

金宝汤在为期一年的"回归原初"计划中表现不佳。新任首席执行官道格拉斯·科南特（Douglas Conant）制定了一个全新的、重点突出的、积极进取的计划，他称之为"转型"计划。目标是通过提高质量、改造零售货架以获得更好的客户体验、增加营销支出和解决现成产品的定价问题，从而稳定浓缩汤品。此外，他还通过一项建立优秀管理团队的项目来关注自己的员工。[4]科南特认识到，并多次强调要想通过战略计划取得成功，公司需要营造一种"我要赢"的文化。[5]

正如前文所述，制胜计划需要不断更新。它是动态的、而非静态。我们所处的世界，以及在世界上生活着的人，都不会一成不变。保持现有的制胜计划并不一定意味着改变品牌宗旨或承诺，而是旨在改变为完成宗旨和承诺所采取的行动。这也意味着一个品牌可能需要重新评估一些性能指标，以确保核心问题得到关注。提前计划固然很好，但是在某个时刻，所谓"提前"已经成为了过去。

过去几年里，媒体报道麦当劳需要在千禧一代中取得进展。现任首席执行官伊斯特-布鲁克认为，如果麦当劳采用 Chipotle（墨西哥风味快餐）的"定制"平台，[6]千禧一代将会更喜欢麦当劳。假如"制胜计划"能够一直维持时代性，那么一旦认识到千禧一代正在流失就应该立即改变行动计划。"制胜计划"带来的新理念是，Chipotle 不仅仅是一个定制的墨西哥卷饼，诚信饮食这一核心理念在千禧一代中极具吸引力。在诚信食品的旗帜下，Chipotle 将使食品采购的诚信理念最大化，对员工的承诺最大化，对社区、环境和动物人道待遇的责任最大化。Chipotle 不仅证明了食品诚信，还证明了食物传递和服务顾客方式的诚信，所有的品牌行为都由诚信引导。（Chipotle 目前的食品安全状况是对其诚信承诺的考验，因为该公司为其品牌增添了"食品安全诚信"。）

说到查理·贝尔如何实施制胜计划，他在办公室墙上贴了一个放大版的制胜计划书。他会定期更新衡量标准，经理们必须向他解释，是什么原因导致自己负责的领域品牌销量下降或上升。制胜计划是该品牌扭亏为盈的生动体现。两年后，情况明显好转。现在是时候专注于制定增长型制胜计划了。制胜计划不能自动导航，那些认为自己可以在不制定制胜计划的情况下运营，或者认为它只是一台古铜色碑牌的领导者，是在错误地、用一种失败的模式管理自己的品牌。

注释

〔1〕 Russell, Michelle, "In the Money: J. C. Penney to Shuffle Brands as Turnaround Continues," *Just-Style Global News*, March 1, 2014.

〔2〕 *Investor's Business Daily*, March 27, 2001.

〔3〕 Kaufman, Leslie, and Riva D. Atlas, "In a Race to the Mall, J. Crew Has Lost Its Way," *The New York Times*, April 28, 2002.

〔4〕 Branch, Shelly, "Campbell Slashes Lofty Dividend as Part of Transformation Plan," The Wall Street Journal, July 30, 2001; Johnson, Linda A, "Slower Soup Sales, Special Charge Cut Campbell Net Income 6 Percent," *The Associated Press State Local Wire*, November 12, 2002; FD (Fair Disclosure) Wire, Event Brief of Q1 2003, Campbell Soup Earnings Conference Call-Final, November 13, 2002.

〔5〕 Brubaker, Harold, "Souper Saver," *The Philadelphia Inquirer*, July 23, 2006.

〔6〕 Jargon, Julie, "Millennials Lose Taste for McDonald's," *The Wall Street Journal*, August 25, 2014.

倾向 11：

缺乏平衡的品牌管理计分卡

品牌管理计划的目标是实现以客户为导向的，高质量、持续性的效益增长。品牌管理计分卡强调管理和品牌之间维持适当平衡的重要性。可评估的阶段目标可以用来评估品牌领导是否在以正确的方式做正确的事情。从品牌方面衡量，品牌管理计分卡必须反映制胜计划的 5P 行动。从管理方面衡量，计分卡必须反映业务指标，如销售额、利润和份额。

1996 年，罗伯特·卡普兰（Robert Kaplan）和戴维·诺顿（David Norton）在他们的开创性著作《平衡计分卡：将战略转化为行动》（*The Balanced Scorecard：translation Strategy Into Action*）中提出了一种战略性评估和管理方法。他们主张建立一个系统，使所有的关键变量，如短期和长期目标、财务和非财务指标、滞后和领先指标，以及外部和内部绩效前景都是平衡的。他们将此描述为一种用于内部沟通和激励企业创新运营策略的强大方式。[1] 我们认为，计分卡只有包含品牌和管理评估标准，才能真正达到平衡。

之前提过，如何管理品牌就会如何管理企业，这两者有着内在的联系。将品牌和企业分离，品牌必然会被归入形象和营销，尤其是广告的范畴。一个企业认为品牌是媒体和信息传递的代名词时，它就成了自动实现的预言：品牌管理将被视为一种成本，而不是一种投资。品牌将被视为媒体和信息，而不是业务生成器，企业的重点将偏向于短期利益而不是长期利益。

当企业将目光聚焦于短期利益时，创新就没有那么紧迫，管道也可以空着。品牌管理计分卡（我们将在第二部分中回顾）使得领导者能够查看利润的持续性增长所必需的所有关键指标，而不是间歇性或持久的非盈利性增长。

我们的许多客户已经创建并实施了品牌管理计分卡。虽然这听起来很容易，但它需要从企业文化角度得到认可，并且有处理结果的意愿。从我们在"新品牌领导力"中对合作精神的讨论可以看出，在当今世界，企业的责任问题需重新评估。我们还谈到企业的某些责任应当进行转交。如果品牌和企业文化不愿意接受这些责任上的改变，就说明相对于其他人的绩效，管理者不愿意得到自己的绩效奖励。孤岛思维占据上风，自我主义占据一切，企业便无法创造品牌一致性。

某客户实施了品牌管理计分卡后，包括首席执行官在内的整个奖励制度都发生了变化。新的奖励制度基于计分卡上的绩效考核。然而，另一位客户由于文化认同感不强，一些国家的品牌领导者拒绝对其他国家的品牌领导者的努力"负责"。他们拒绝将奖金与品牌业绩挂钩，因为他们认为这些品牌的努力程度不如自己国家的品牌。事实上，其中一家公司的一致性从未真正达到这样的程度：部门甚至不接受由品牌总部首席财务官签署的支票，而是希望所在企业部门的首席财务官签署工资支票。

品牌管理计分卡是品牌及其企业文化的象征。如果公司文化对你不利，平衡任何事情都是不可能的。品牌合并时，文化整合尤其困难，美国联合航空公司与大陆航空公司仍有不一致之处。尽管与飞行员的关系似乎得到了解决，而且两家公司计算机系统的合并似乎也没有出现任何问题，但全美航空公司与美国航空公司的结盟问题仍经历了很多年才得以解决。

如果文化不统一，品牌管理计分卡制度就会大打折扣。尽管可以创建计分卡并强制企业使用，但多年来，这种方法收效甚微。大力水手公司的首席执行官谢丽尔·巴舍尔德表示："我们相信，公司文化推动了业绩表现。在大力水手那里，称之为宗旨和原则。我们相信我们的工作是为他人服务，因此，我们的宗旨是服务且完成业绩；我们的原则就是如何做业务。在大力水手公司，公司的文化一直与业绩有所区别……"[2]

制定简明的制胜计划是成功的关键因素之一。这个计划中需要明确进入计分卡的各项品牌指标。缺乏最新的、以顾客为中心的制胜计划,无疑削弱了麦当劳紧跟市场和社会的能力。期望企业运营报告中始终呈现不断盈利、回购和分红的好消息,以及一项停滞不前的制胜计划,破坏了2002～2005年期间业已建立的品牌与管理之间的平衡。

品牌管理计分卡制度也是一项纪律。卡洛斯·戈恩(Carlos Ghosn)到来之前,日产是一家无纪律的企业,面临大量亏损。企业毫无紧迫感,传统战胜了一切,孤岛思维横行,因此很难建立问责制。在许多情况下,决定事态的不是会上达成的结果,而是会后的言论。在许多事情中,执行品牌管理计分卡给一个迥然不同、慢慢消散的品牌建立了纪律。日产文化面临文化冲击,其变化显而易见。现在看来,关注计分卡的各项指标显得非常重要。

这是戈登·贝休恩(Gordon Bethune)在1994年来到大陆航空时提出的原则。当时,大陆航空一片混乱,品牌已两次申请破产,服务质量更是令人震惊。而且,根据贝休恩的说法,大陆航空的所有员工都因在那里工作感到惭愧,他们把大陆航空的标识从衬衫和制服上去掉了。他们没有计分卡。贝休恩先生相信"你衡量什么,奖励什么,就得到什么"。作为计分卡的一部分,他提醒人们大陆航空目前在准点表上垫底。他告诫自己的员工,要确保公司每个月的正点率都在排行榜前半段:他会给每个员工65美元的奖金,外加公司财务业绩的利润分成。这样一来，不仅准时率提高了，而且员工们还把商标留在了制服上。[3]

品牌管理计分卡跟踪并强化品牌对企业指标的影响。当品牌降级为仅仅作为媒体和传递消息的工具时，和整体运行结果相比就显得无足轻重。然而事实并非如此。3G 资本之所以收购汉堡王，是因为它认为经营这个品牌可以得到更多利益。3G 资本专注于这个品牌，并制定了强大的财务约束。亨氏和卡夫的价值在于它们的品牌，不像现在这样经营这些品牌时，分析师们就忧心忡忡。无论动机如何，分析师和股东都认为，你如何经营品牌就会如何经营企业。

注释

〔1〕 Skapinker, Michael, "Interview: Gordon Bethune. Lifted by a Change of Atmosphere: Continental Has Profited from the Theory That a Happy Worker Makes a Happy Customer," *Financial Times*, October 15, 1998.

〔2〕 Kaplan, Robert, and David Norton, *The Balanced Score-card: Translating Strategy Into Action*, Harvard Business.

〔3〕 *FD (Fair Disclosure) Wire*, Popeye's Louisiana Kitchen, Inc. at ICR XChange-Final, January 12, 2015.

倾向 12：

无视世界变化

20 世纪 60 年代，扎染布料和长发使"时髦"的人有别于西装革履的人。20 世纪 70 年代，水瓶座时代的乌托邦生活融进了朋克摇滚、迪斯科和乌烟瘴气的放克。环保运动就此诞生。硅谷造就了我们今天所熟知的硅谷。所以……世界变了。20 世纪 60 年代兴起的地方食品运动如今已成为一场食品革命。从 20 世纪 90 年代末到 21 世纪初，混合动力汽车取得的一些小成就，已成为 20 世纪 60 年代环保理念催生的汽车技术的重要组成部分。手机无处不在。不需要离开你的笔记本电脑或手机，就可以在网上得到任何你想要的东西。而且，正如约翰·凯（John Kay）在英国《金融时报》的一篇评论文章中所指，"轻点手机可以叫到出租车，提供个人投资组合价值，指导讨论会议内容。点击手机，也可以获得火车时刻表、天气、火车票或登机牌。"[1]虽然预测未来

088

是不可能的，但绝对有必要让你的眼睛、耳朵、思想和心灵对可能发生的事情，以及周围正在发生的事情保持开放的态度。

最近，麦当劳发现它正在失去顾客。麦当劳痴迷于Chipotle（墨西哥风味快餐），迫使它专注于间接竞争（Chipotle 和帕尼罗等面包品牌，以及 Five Guys 和 Shake Shack 等高端汉堡品牌），而不是直接竞争（汉堡王、温迪、Chick-fil-A 等品牌）。（麦当劳最近推出的脆皮酪乳鸡肉三明治似乎是为了与 Chick-fil-A 竞争。）当麦当劳苦苦思索如何将自己重塑为一个"快餐休闲"品牌时，快餐品类在增长，而麦当劳却在衰落。公司的既定战略是成为一家"现代化、不断进步的汉堡公司"。具体来说，这意味着什么？如果快速、实惠、美味的汉堡和薯条不受欢迎，为什么汉堡王和温蒂汉堡（Wendy's）卖得这么好？快速、实惠、美味的汉堡——无论是牛肉、鸡肉还是鱼肉——和炸薯条都没有消亡。要真正了解你周围的世界，不要被你对世界的看法所迷惑。

工业食品和饮料公司也可以问同样的问题，他们现在想知道自己为何把握不了顾客的胃口。一段时间以来，金宝汤一直致力于以浓缩以外的方式制作低钠汤。几十年来，随着新鲜食品的出现，冷冻食品和罐装食品已经逐渐失去了对消费者的承诺。人们不是昨天才开始喝瓶装水的。自 20 世纪 20 年代末以来，卡路里和脂肪一直是人们最关心的问题。真正美味的有机食品并不是去年才出现的。大型工业食品和饮料品牌的生存环境极度不稳定，塔吉特公司在新任首席执行官布莱恩·康奈尔的领导下告诉食品公司，那些不合潮流的、销量不佳的产品——不管人们对品牌的认知如何——将被降级，且不再得到强有力的市场支持。这并非空谈。据报道，大受欢迎的品牌，如玉米片、浓缩汤和加工奶酪也在其中。凯洛格的首席执行官约翰·布莱恩特说，凯洛格需要做更多的工作来保持谷物食品的相关度，并防止人们对早餐失去兴趣，导致市场份额大幅下降。[2]

这不仅是吃喝上的变化，而且是如何、何时、何地吃喝的变化。百威英博也承认，场合很重要，而且正在为盈利打开新的大门。24/7 的世界并不是一个新构想。麦当劳在2002~2005 年情况好转期间开始提供 24 小时服务。20 世纪90 年代，早餐变得方便携带。星巴克（Starbucks）和唐恩都乐（Dunkin' Donuts）并不是采用了什么新概念。凯洛格在 20 世纪 90 年代就认识到了这种变化。为什么凯洛格似乎仍然专注于家庭早餐，而不是人们吃早餐的各种方式？为什么麦当劳的早餐顾客被塔可钟和星巴克抢走了？全天早餐能让麦当劳的顾客回心转意吗？

在新品牌领导力中，我们讨论了一些有趣的"倾向"，我们认为这些倾向对品牌有巨大的影响。仅从人口统计数据来看，拥有大量数据的品牌并没有对这些数据进行整合分析，这令人震惊。以千禧一代为例，并不是所有的千禧一代都一样。稍微浏览一下人口统计数据就会发现，年长的千禧一代和年轻的千禧一代不同。如何看待世界变老的同时也在变得年轻？针对这两个截然不同的人口群体需采取的策略是什么？我们知道，上了年纪的婴儿潮一代正在变老，年轻的千禧一代越来越重要。并且，我们知道，每个群体都有分支。

全食食品连锁店正在处理这些人口统计数据，即将推出一个针对年轻顾客的新品牌。该品牌将更时髦、更酷、更便宜、更小巧。新品牌是一场博弈，尤其对于那些认为新店概念会夺走原有品牌市场份额的分析师而言。然而，正如该公司创始人约翰·麦基（John Mackey）所说，"你必须愿意跟随市场发展。你不这样做，是因为这可能会抢走你现有旗舰品牌的销量。"[3] Gap 推出了一种更便宜、更年轻的选择——老海军，现在它的销量和利润是 GAP、香蕉共和国（Banana Republic）和老海军三部曲中唯一的亮点。好消息是，一些跟踪零售业的分析师注意到了伟大新想法的可能性。当然，这有风险。但是，如果这种想法确实有效，并吸引到千禧一代，这些分析师就会发现全食食品新的增长途径。[4]

我们前文所讨论过的许多企业存在的问题都可能导致对不断变化的世界的感知。如果不关注核心客户及其不断变化的需求和问题，品牌就难以跟上时代。不创新或改良就意味着一个品牌不考虑现在或未来。回头看过去，试图回归原初，这在明天是行不通的。继续做你擅长的事意味着品牌没有随着时代的变化而革新。

我们逐一讨论了这十二种可能给企业带来麻烦的行为倾向。需要明确指出的是，这些倾向是交织在一起的，该列表没有先后顺序。为了避免由于迫不得已而重塑品牌的最好方法是避免成为一个陷入困境的品牌。正如我们所说，品牌没有自然的生命周期。品牌的消亡没有必然性。如果管理得当，品牌可以长盛不衰。

注释

〔1〕 Kay, John, "Miracles of Productivity Hidden in the Home," *Financial Times*, August 12, 2015.

〔2〕 Ziobro, Paul, "Target to Demote Some Food Brands," *The Wall Street Journal*, May 18, 2015.

〔3〕 Gasparro, Annie, "Whole Foods Plans New Store Concept," *The Wall Street Journal*, May 7, 2015.

〔4〕 Gasparro, Annie, and Jesse Newman, "Whole Foods: Now in Two Different Flavors," *The Wall Street Journal*, May 8, 2015.

打破困扰品牌的枷锁

招惹麻烦的十二种行为倾向是企业和品牌四大失败的表现特征。这四大失败基本上将一个品牌扭亏为盈和保持效益持续性增长的能力拒之门外。一个品牌要想获得新生，就必须打破这四个方面的枷锁：领导力、组织、文化、知识。

失败表现 1：领导力

以客户和品牌为中心的领导者和领导团队会给企业带来改变，这个观点永不过时。从杰克·格林伯格（Jack Green-berg）只关注华尔街，到吉姆·坎塔卢波（Jim Cantalupo）关注客户和品牌，这一转变是巨大的。吉姆·坎塔卢波知道这个品牌需要重塑，他相信他的团队。他钦点查理·贝尔做他的接班人，并一起引领麦当劳成功转型。坎塔卢波（Jim

Cantalupo）认识到，麦当劳不能再流失核心客户了。他停掉了一些项目——包括一个价值数百万美元的技术项目——这些项目不仅消耗了资源，而且直接转移了人们对麦当劳品牌体验的注意力。吉姆和查理对这个品牌真挚的爱很有感染力。让麦当劳再次完整的不是盲目自大的自我主义，而是非凡的精神力量。

许多商业作家和学者指出，在一些情况下，公司和品牌会因为新上任的首席执行官而改变。有些是业界传奇，有些人在商界备受尊敬。IBM 的著名首席执行官郭士纳和日产的卡洛斯·戈恩为公司注入了活力，重塑了品牌，改变了企业文化。艾睿电子（Arrow Electronics）的斯杜考夫曼（SteuKaufman）虽然很有名，却不那么引人注目。他将企业、文化和品牌联合起来。不幸的是，一场火灾不仅导致公司领导人和许多员工死亡，并摧毁了公司的文化和品牌。经过几年的成功之后，考夫曼意识到，艾睿要想在这个瞬息万变的世界中参与竞争，就必须进行彻底改造。在他看来，这可能意味着重塑电子中间商行业。他认为是时候改变艾睿思考和管理公司的方式了。艾睿没有遇到麻烦，它没有赔钱，没有遭受损失，也没有失去阵地。考夫曼只是从他占据的优势地位出发，发现这个行业正处于一个临界点，他深知艾睿必须走在曲线走势之前。考夫曼先生所做的改变使艾睿电子从价值数百万美元的企业变成了一个价值数十亿美元的企业。

如果领导层能预见未来并制定制胜计划，品牌就不会有麻烦。品牌需要保持创新和相关度，品牌需要与客户保持联系，品牌需要热爱核心产品并想让这些产品更好的领导者。一旦领导者希望依靠品牌之前的成功势头生存，并陷入自满状态，品牌会遭殃；当领导者以牺牲核心产品为代价转而支持新产品，并且以降低成本为目的，逐渐降低产品质量时，品牌会遭殃；领导者营造规避风险、以自我为中心的文化时，品牌会遭殃；领导者本着"今年，本年度"的心态时，企业文化就会聚焦于短期主义，文化自满到一定程度，就会忽视不断变化的世界和不断变化的相关度，品牌会遭殃。

当前，喜欢玩金融工程和渴望快速赚钱的激进投资者非常活跃，让你对企业领导层的状态感到好奇。一些领导者知道需要做什么，并付诸行动。有些领导则屈从于安全的、规避风险的决定。还有一些领导认为，用股息和回购来取悦金融界比投资品牌未来更重要。这算得上领导吗？

在很多方面，优秀的领导者都具备优秀企业品牌的所有品质。他们有权威、负责任、讲诚信、值得信赖。优秀的领导者会进行一系列激励、影响、教育、支持和评价行为。董事会和股东应该寻找负责任的优秀领导。如果只关注短期利益，那么品牌、企业和文化最终都会受损。但如果董事会和投资者看到了现在和未来，希望打造能够继续产生持续性效益增长的品牌，他们必须确保拥有优秀的领导者。

失败表现 2：组织

整个公司是围绕客户和品牌组织起来的吗？它是一个协作组织吗？孤岛思维占主导地位吗？官僚程序是否仍然妨碍有效的品牌和企业管理？职责描述是否明确？《新品牌领导力》中描述的协作三箱模型，是领导和管理全球品牌重组的方法。品牌需要合作的组织，每个人都清楚地知道自己在品牌建设中的角色，知道自己该做什么。无论是什么职位，员工都需要明确自己的职责，以及为了维护品牌，他们需要采取哪些不同的行动。

各自为政、官僚化或封闭创造力的组织不利于品牌发展。金宝汤是一家罐头制造公司，发明浓缩汤是罐头制造法中的奇迹，它改善了我们的生活方式。然而，据 1979 年的一篇文章报道，在金宝，公司不鼓励员工有原创想法，一切都严格按照一本几英寸厚的程序手册进行，从订购新办公桌到处理销售人员的二手车，一切都有规可循。[1]在道格拉斯·科南特（Douglas Conant）接任首席执行官之前，除了解雇之外，公司几乎没有什么组织变动。他对组织内部的关注堪称一流，对于金宝这样的公司来说，简直是惊天动地。建立起团结一致的组织，才能使这个品牌起死回生。

我们将在第二部分"回顾重塑品牌六法则"中讨论组织一致性的好处。当组织死气沉沉、规避风险时，便几乎不再具备开放性、创造性或前瞻性。只有忙碌起来，以最少的成本和风险完成工作，才能得到奖励。

公司和品牌面临压力时，有时会聘请组织顾问来重新调整组织。很多时候，公司的"重组"并没有解决这些麻烦倾向，而是将人员重新分配或重新划分部门，解决不了企业的根本文化缺陷。应该将战略愿景放在第一位。那么，什么样的优秀组织才能实现这一愿景呢？

失败表现3：文化

企业文化反映了企业成就、对企业业绩的理解或欣赏、企业的社会制度。它还能反映企业的人力资本、智力资本、财务资本和信托资本。研究表明，文化和员工行为之间存在联系。注重月度业绩量化的企业文化规避风险、规避创新。强硬、保守、死板的文化不利于创造力和品牌发展。品牌价值必须体现在文化价值上。[2]不和谐、不一致的文化只会使品牌降级，而不是升级，这样一来，招惹麻烦的行为倾向就成为阻碍品牌增长的因素。文化很重要，但如果这些行为倾向占据主导地位，品牌就会走向衰落。当文化和战略之间存在冲突时，应选择文化。

在所有类别的行业中，员工的自豪感都会对产品和服务质量产生积极影响。有自豪感的员工将尽最大努力为企业的成功做出贡献，企业的成功又增强了员工的自豪感。当这些招惹麻烦的行为倾向根深蒂固时，员工就会感到约束、消极。如果员工感觉自己没有进步，品牌就不会进步。

回顾这十二种行为倾向，它们都是不以品牌和顾客为中心的文化导致的。静态的、沉闷的、短期的文化是这些行为倾向生根发芽的源头。许多文化对品牌和顾客都是口头承诺，但是，在回顾绩效指标时，就可以看到文化是否真的履行了如它所说的承诺。如果既定目标是建立品牌偏好，但没有设定衡量品牌偏好的标准，那么文化就不是以品牌为中心。如果一个公司衡量品牌满意度时，没有参照竞争对手的满意度，那么这种成功是虚幻的。指标不仅显示如何衡量品牌业绩，还显示了站在品牌角度来看，什么东西有价值，什么东西值得奖励。文化真正的品牌主张体现在文化倾向于如何奖励员工。

失败表现 4：知识

领导、组织和文化都与知识有关。许多招惹麻烦的行为倾向都能反映出知识的欠缺，或者更糟的是，缺乏对知识的渴望。企业应打造学习型文化。当文化处于学习状态时，缺乏足够教育的品牌就失去了相关度，失去了与顾客的联系，失去了创造力。一个合作、创新、开放、由善于承担风险的人领导的文化和组织，会根据最新的信息作出判断，建设品牌。当信息和数据被储存起来，没有转化成高质量的知识，没有在全球范围内共享（我们称之为 ROGL，即全球学习回报率）时，品牌就会遭殃。公司如果减少搜索深层次信息的投资，只会将任何可能保持品牌相关度的知识拒之门外。人们常说知识就是力量。打造强势品牌，让知识成为品牌的竞争优势。优秀的领导者有责任确保知识成为品牌保持效益持续增长的关键。

注释

〔1〕Gibson，Paul，"Win Some，Lose Some，"Forbes，June 11，1979.

〔2〕de Chernatony，Leslie，and Cottam，Susan Drury，Interactions between organisational cultures and corporate brands，"*Journal of Product & Brand Management*，2008，Vol. 17 No. 1，p13.

第二部分

回顾重塑品牌六法则

导论

2009 年，我们出版了一本讲述 2002～2005 年麦当劳转型的书，书中分享了六大法则及其实践案例，这些实践案例在麦当劳及其领导层所遵循的有计划的品牌复兴中发挥了重要支撑作用。重塑品牌六法则是振兴品牌、树立品牌振兴思想的指导原则。每一条法则都配有实践方法，将法则变为现实。这些法则十分重要，它们提供了信念、承诺、学习以及将思想变为现实的框架。但是没有行动的法则就是没有实践的理论，这就是我们概述实践的原因。

在《重塑品牌六法则》（第一版）一书中，我们以麦当劳扭亏为盈作为主要的例子。麦当劳的转变是一个受到高度赞扬的商业案例，这六大法则现在已经被写入许多公司和高管教育的课程中。回顾原文，你会惊奇地发现从我们在麦当劳工作的时代以来，世界发生了多么大的变化。然而，重新审视这六大法则，可以肯定的是，与 2009 年一样，这些法则仍然具有相关度。对陷入困境的大品牌的研究表明，那些经历了扭亏为盈和实现利润增长的品牌都使用了其中的某些法则。

第一部分中，我们讨论招惹麻烦的十二种行为倾向时反复强调，品牌复兴的驱动力，就像所有的品牌建设一样，是利润的持续增长。我们的目标是吸引更多的顾客，增加顾客购买频率，提高顾客忠实度，顾客消费越多，我们的利润就越多。这是连贯的制胜计划的最基本原则。

自 2009 年以来，我们的研究及对其他品牌的观察表明，与那时一样，通过使用这六大法则及与其融为一体的基于法则的实践，品牌所有者、品牌经理和品牌团队将明白如何重塑品牌，同时养成以品牌重塑为中心的思维方式。麦当劳在线案例以及本书中，我们还展示了麦当劳是如何脱离法则，以及它现在（在本文撰写之时）如何努力从一个"陷入困境的大品牌"重塑品牌，摆脱衰退。

然而，我们也会使用其他品牌的正面例子来说明和证明这是一个成功的方法。我们意识到，与 2002～2005 年相比，这个世界是如此不同，我们现在认为理所当然的许多技术和趋势在当时并不存在。此外，我们还提出其他一些重要的概念，我们把这些概念添加到了六大法则之中。

修订后的六大法则如下：

法则 1：重新定义组织焦点——财务约束、运营优化、

先锋营销、品牌宗旨和目标

法则2：恢复品牌相关度——全面了解市场，基于需求的市场细分，品牌承诺

法则3：彻底改造品牌体验——创新与改良、关注市场营销、值得信赖的品牌价值公式、创造可以被顾客感知的公平价值、落实全部品牌体验

法则4：加强面向结果的企业文化——定义可衡量的阶段性成果，创建"平衡的品牌管理计分卡"，实施认可和奖励

法则5：重建品牌信任——内部/外部信任，信托资本

法则6：实现全球联盟——制定制胜计划：8p行动，协作三箱模型

法则 1：
重新定义组织焦点

　　围绕共同目标重新定义组织焦点是重塑品牌的第一步。员工的主要问题有：我们的共同目标是什么？我们共同的品牌目标是什么？这六大法则的目的是制定一个连贯的制胜计划。人们需要知道发生了什么，他们努力的方向在哪里。员工不介意重新定义组织焦点，特别是当情况动荡不定或是衰退时，他们非常希望明确自己的方向。这家公司的财务健康吗？我们是否把资源分配到了关键领域？我们的品牌愿景是否一致？重新定义组织焦点需要改造组织及团队培训，以改善财务约束，致力于运营优化，先锋营销，以及重塑品牌目标（目的和承诺），即重新定义品牌目标。因此，重新定义组织焦点有以下四种方法：

　　1. 财务约束

　　2. 运营优化

3. 先锋营销

4. 品牌目标（目的和承诺）

财务约束

2003 年，麦当劳领导层在重新定义组织目标的同时，对
杰克·格林伯格（Jack Greenberg）领导下的企业运营方式
进行了彻底的改革。麦当劳每几小时就要开一家新店，这使
麦当劳的业务不断增长。但这种增长不是着眼于有机增长，
而是将资源用于房地产、人员配备以及开设新餐厅等其他方
面。人们越来越不相信麦当劳品牌和过去一样具有生命力和
活力。因此，麦当劳投资于其他创意品牌，包括比萨饼、鸡
肉、玉米饼和三明治餐厅品牌，分散了品牌注意力，在此之
前，注意力主要集中在扭转麦当劳的颓势上。

吉姆·坎塔卢波一上任就宣布了麦当劳的重塑计划，其
目标是实现利润的持续增长。团队的首要任务是："挽回颓
势。"财务约束是第一要务。金融人士告诉我们，必须重视
底线。但吉姆·坎塔卢波（Jim Cantalupo）认为，如果没有
高质量的收入增长，就不会有持续的利润增长，这是正确
的。麦当劳必须从以供应为中心的公司转变为以客户为中心
的公司。

麦当劳拥有一系列其他快餐品牌（被称为合作品牌），
还有一系列处于不同实施阶段的"蓝天计划"——这些计划

都与提供美味、优质、实惠的快餐无关。坎塔卢波要求"蓝天"团队的领导人马茨·莱德豪森（Mats Lederhausen）"找出那些能够在不分散管理层注意力的情况下可以增值的业务，出售或关闭其他业务。"结果，在接下来的几年里，几乎所有的业务不是被卖掉，就是关门大吉。"[1]

在品牌重塑计划中，财务约束应该放在第一位。可以通过以下方式恢复盈利：

◈ 结束亏损。

◈ 消除浪费。

◈ 提高生产力。

这很重要：你需要赢得继续盈利的权利。一个品牌遇到麻烦的时候，公司往往只关注成本削减，而不是提升品牌价值。成本削减的效果可以快速地在损益表上看出来。当然，消除浪费和提高生产率是一项持续的挑战。然而，单纯的成本削减是远远不够的。你需要计划、人力和行动，来实现高质量的收入增长，从而带来利润的持续增长。

一些公司和品牌表示，他们专注于财务约束，但仅限于重组、成本削减和裁员。目前，卡夫亨氏食品有限公司（Kraft Heinz Co.）正打着财务约束的旗号裁员、削减成本。麦当劳在2015年5月提出了一项不那么令人兴奋的"品牌重塑"计划，将财务约束与重新改组（带有新的"组织"图）以及解雇位于伊利诺伊州奥克布鲁克的总部联系起来。去年11月，麦当劳承诺用借款增加股息，回购基金。尽管这些举措会增加债务，降低麦当劳的信用评级，但是在华尔街却很受欢迎。多年来，金宝汤公司将财务约束定义为超高定价。

财务约束的真正承诺、理解和价值必须与管理品牌、企业相联系。你是否致力于品牌的有机增长？降低成本？收购？难以体现品牌价值的资源密集型项目？英国标志性杂货品牌乐购，遇到了麻烦，首席执行官戴维·刘易斯（David Lewis）在补救措施的声明中态度坚决："我们不参与自己根本负担不起的项目，这是财务约束的重要组成部分。"[2] 乐购计划削减资本支出，现在看来，它是一家缺乏自律的公司，把资源花在未经证实的品牌创意上，而且开设了很多门店。

孟山都首席财务官皮埃尔·库杜鲁（Pierre Courduroux）谈到了财务约束的重要性。他说，在所有值得关注的领域中，公司对财务约束拥有巨大的控制权。与坎塔卢波一样，他明确表达了同样的短期平衡和长期平衡。库杜鲁先生说，"因此，虽然我们不会失去投资管道和新平台的机会，但我们会在整个成本基础上与财务约束进行匹配，并优先实现财务业绩。"同样，新的资本配置方法为我们提供了更多的工具，我们可以利用现金和资产负债表，同时实现自我增长，还能向我们的所有者返还价值。"[3]

招惹麻烦的行为倾向中有一条是重视分析师满意度而非顾客满意度，这助长了短期/长期，非此即彼/非彼即此的争论，或者被吉姆·柯林斯称之为"非此即彼的暴政"。[4] 今天，由于兼并、收购和激进的分析家，许多人把财务约束仅仅解释为削减成本。财务约束意味着削减各种大大小小的成本，比如解雇员工、削减福利、无论目的地在哪都以最便宜的价格旅行、与一大群人挤在酒店房间里、使用过时的设备、削减创新。阿尔伯特·邓拉普（杀手艾尔）采用了这种方法，他通过大幅削减成本使斯科特纸业惨遭灭顶之灾。

财务约束不仅仅是全面削减成本。麦当劳前首席财务官马特·保罗（Matt Paull）是一位坚定的拥护者，他主张了解如何最佳分配资源，然后付诸行动，他认识到麦当劳需要在资源分配和提高生产率方面做得更好，以及有机增长的重要性。他看到了对品牌需要投入资源，包括更新现有的餐厅，提高创新的质量，刷新品牌声誉。

运营优化与先锋营销

除了财务约束之外，还有两个推动高质量增长的因素：运营优化和先锋营销。正如查理·贝尔所说，先锋营销让人们走到店外，运营优化则体现在店内。

实现运营的卓越，就意味着要致力于取悦客户，从而使越来越多的顾客更频繁地光顾麦当劳。运营优化，意味着改善体验质量、餐厅环境、产品质量和服务质量；运营优化也意味着在满足顾客期望和尽量减少浪费之间建立一个实用而高效的平衡；运营优化降低了成本，提高了客户满意度。

先锋营销能够为品牌吸引新客户，鼓励现有客户更频繁地购买，提高客户忠诚度。强有力的财务约束和优异的运营管理，为开展有影响力的市场营销奠定了基础。先锋营销不因你的大小而受到限制，也不取决于你的经营规模。它由你的力量和行动决定，它需要你预测顾客的需求。先锋营销不是由企业的规模决定的，而是由你的智谋决定的。它意味着创新和改良，而不单纯根据竞争对手的行动作出反应。

当前的餐饮业证明，无论规模大小，都有改变的空间。竞争也经常变化，过去认为是必要的因素，现在有时被认为是负担，例如规模。赛百味在美国有超过 27205 家门店，略低于美国邮局（32000 家）的数量，几乎是美国麦当劳（14350 家）门店数量的两倍。这家三明治店发现，规模庞大会产生难以处理的问题，包括增加同店销售额的困难。[5]

运营优化和先锋营销是非常有用的运营方式。首席执行官谢丽尔·巴舍尔德领导下的大力水手以及在首席执行官埃米尔·布罗里克（Emil Brolick）领导下的温蒂（Wendy's），都利用这些优势扭亏为盈。正如巴舍尔德在一次分析师会议上所说，"我们做这四件事是为了不断成长。因此，我们必须为客户打造一个独特而相关的品牌；我们希望为每一位客人创造一个难忘的积极体验；我们希望替老板提高餐厅的盈利能力；正如我们的首席开发商所说，如果我们做到这三件事，就可以加快美国和世界各地优质餐厅的发展。"[6]

　　埃米尔·布罗利克强化了温蒂致力于运营优化和先锋营销的意志。温蒂为这些项目制定了相应的规划，帮助品牌与加盟商、消费者一起向前发展。"我们很高兴新加盟商和现有加盟商对我们的系统优化策略表现出浓厚的兴趣，这是对温蒂的增长机会和品牌转型的首肯，"布罗利克先生说。"此外，我们认为这是一个绝佳的机会，以表彰那些在运营优化方面表现出领导才能、使资产负债保持平衡、并通过形象激活战略做出增长承诺的加盟商。"[7]

　　在 2003 年向股东和分析师发放的一份文件中，麦当劳首席执行官吉姆·坎塔卢波强调了这一战略转型计划。他明确表示，根据这一计划，该公司执行了实事求是的财务约束措施，旨在预测财务业绩。他强调了运营优化、先锋营销和财务约束三大战略："让麦当劳重新回到运营优化和先锋营销的轨道上来，这是我们曾经声名远扬的事业。增强财务实力——与 2002 年相比减少资本支出，并使用资本支出后的剩余资金偿还债务，并向股东返还现金。"[8]

　　为确保读者理解新动向，在公开信的第一页，坎塔卢波就明确表示，单独实施某项行动是不行的。麦当劳的策略是将多个行动结合在一起，保持一致的战略方向：品牌、体系和投资者的利润持续增长。

品牌目标（目的和承诺）

在关于金宝汤公司几十年的报道中，除了有关增加市场份额的评论外，没有提到品牌目的。人们认为只有做好汤才是王道，一切都是为了发展汤业。但汤是一个类别，通过对汤这类食品的强调（例如，"汤是美味食品"），金宝汤旨在让客户思考能提供更多与汤相关产品的竞争对手。凯洛格（Kellogg's）在 20 世纪 90 年代也采用了类似的方法，在宣传吃早餐的好处这项工作上卓有成效。然而，这项工作却没能帮到凯洛格自身的品牌建设，因为人们更多选择去星巴克和麦当劳买早餐咖啡和食物。

没有一个共同的、清晰的、鼓舞人心的品牌宗旨和承诺，品牌及其组织会处于不利地位。为什么？共同的品牌差异化目标为品牌的首要使命提供了激励宣言，这不是一个不可能实现的梦想。它是一种具有明确品牌方向的明智判断。品牌精神必须与企业的期望保持同步。品牌宗旨和承诺阐明了品牌的战略愿景。宗旨和承诺是制胜计划 8p 行动中的前两位，必须有评估品牌未来进展的相关指标。

品牌目标因品牌而异。但一般而言，一些关键领域可以用来界定可衡量的里程碑式的进展。总的来说，我们建议客户考虑创建一些指标来评估品牌和企业在更大（更多的客户、购买次数增加、收入增加）、更好（改善客户体验）和更强（提高品牌忠诚度、市场份额和盈利能力）方面的进展。在坎塔卢波先生和贝尔先生的领导下，麦当劳的目标如下：

- 在做好的基础上做大。
- 与其建立更多店面来促进增长，不如增加客户到店访问量。
- 增加品牌忠实度。
- 提高盈利能力。

品牌宗旨明确了品牌存在的理由（意图）。重塑品牌时，需要有一种新的使命感、方向感。IBM 在郭士纳的指导下，发布了一则有关电子商务方面的声明。其中最基本的要素是，品牌宗旨不能太平淡无奇，以至于未体现什么实质性的内容。例如，麦当劳之前的宗旨是"成为世界上最好的快餐店"。[9]许多人把这句话理解为麦当劳的使命是成为终极"快餐"品牌——又快又便宜。作为转型的一部分，其品牌宗旨变成了"成为顾客最喜欢的吃喝方式"。

由分析师、记者和观察家组成的评审团仍在关注着麦当劳当前的品牌愿景："成为一家现代化、与时俱进的汉堡公司"。这一愿景是 2006 年为英国麦当劳创建的，如今已附加到全球品牌中。分析师们似乎不会特意去分析它，因为他们关注的是收益。然而，重要的是，品牌宗旨不仅能指明发展方向，而且会激励企业组织以及加盟商等合作伙伴。成为

"最好的快餐店"或成为"现代化、与时俱进的汉堡公司"，这两种说法哪一个更为相关、令人兴奋、引人注目呢？

专注于财务约束、运营优化和先锋营销，以及以激励为目标的宗旨，是消除孤岛思维，创建合作文化的有效方法。

注释

〔1〕 Campbell, Andrew, "Case Study: McDonald's: How to Deal with Slowing Growth. Be Cautious and Patient on New Projects, *Financial Times*, January 6, 2011.

〔2〕 *News Bites Finance*, January 10, 2015.

〔3〕 *FD (Fair Disclosure)*, Q42014, Monsanto Company, Earnings Conference Call-Final, October 8, 2014.

〔4〕 Collins, Jim and Porros, Jerry I., *Built to Last: Successful Habits of Visionary Companies*, Harper Collins Publishing Inc., NY, 1994, p 43.

〔5〕 Jargon, Julie, "With 27,205 Stores, Subway Gets Indigestion: Aggressive Expansion in US Leaves Chain with Crowded Footprint and Slumping Sales," *The Wall Street Journal*, August 14, 2015.

〔6〕 *FD (Fair Disclosure) Wire*, Popeye's Louisiana Kitchen Inc at ICR XChange-Final, January 12, 2015.

〔7〕 *Progressive Media Company News*, "The Wendy's Company Reports Preliminary 2013 Results, Issues 2014 Outlook, and

Reaffirms Long-Term Outlook-The Wendy's Company," January 14, 2014.

　　〔8〕 *McDonald's Corporation*, McDonald's revitalization plan, October 29, 2003.

　　〔9〕 QSR is the industry acronym for"Quick Service Restaurant."

法则 2：
恢复品牌相关度

在一个变化的世界里保持相关度，对于一个品牌的健康发展是至关重要的。相关度是驱动购买意愿的关键动力。具备相关度意味着品牌在顾客心中是与时俱进的，意味着这个品牌能够满足当前客户的需求。相关度和差异性是定义品牌价值的必要条件。我所获得或期望获得的品牌体验是否与其他品牌相关或有区别？要恢复品牌相关度，我们必须做到：

◈ 全面了解市场。

◈ 基于需求的市场细分。

◈ 品牌承诺。

全面了解市场

消费者希望品牌能够满足他们的需求，希望品牌能够了解他们，知道他们关心的问题是什么。当品牌失去相关度时，消费者会认为这些品牌已经疲惫不堪、不合时宜。失去相关度也会让消费者觉得这个公司对满足顾客的需求不再感兴趣，而只是向他们推销公司想卖的东西。

在修改或创新产品或服务之前，就应该提前了解哪些因素与客户需求相关。首先要了解正在发生的事情：世界的、特定国家的、特定市场的，人口、思想、社会和经济力量、技术和通信方面的因素。这也意味着你要对品牌的作用、观念和存在的理由有一个全面的了解。有了这些信息后，品牌可以集中精力思考哪些需要改变、哪些需要更新、哪些需要升级、什么问题可以利用、什么问题会阻碍成功。

例如，从凯洛格到康尼格拉，加工食品行业发现其产品与世界上许多国家的饮食习惯不一致。环境不断变化并不是什么新鲜事，不要轻信那些声称自己"突然发现世界在变"的营销人员。他们的工作就是了解品牌周围发生了什么。价值观、态度、观点、兴趣和行为不会在一夜之间改变，而是随时间变化，营销人员不应该感到意外。例如，方便、新鲜、加工和营养的定义正在改变。全球化、本地化和个性化都是动态发展的。不断变化的人口结构也可以预测。如今，两类人口构成的群体泡沫取代了人们熟悉的婴儿潮时期的泡沫。由于两个庞大的年龄群体争夺资源，营销受到了极大的影响：营销世界变老的同时，又越来越年轻。[1]这些变化已经存在了几十年：你需要观察、倾听、分析和整合。过去打开一盒麦片很方便，现在不同了；罐装和冷冻蔬菜曾被认为是安全的选择，但现在不是了。"文化转变不是一蹴而就的，而是在慢慢变化——这里抿一小口椰子水，那里买一个藜麦，突然之间，美国人的饮食看起来与 10 年前截然不同。"[2]威廉姆斯·索诺玛（Williams Sonoma）多年来一直销售榨汁机和高端搅拌机，它很久以前就看到了消费者对果汁的渴望。南佛罗里达的帕布里斯超市多年来一直供应豆腐和榨汁，汉堡王的菜单上有素食汉堡。与时俱进是市场营销的当务之急。

为了保持市场相关度，我们必须做到以下几点：

- 从全面了解市场做起。
- 真正理解以客户为核心的市场细分。
- 洞察消费者行为。
- 遴选最优市场类型。
- 运用知识和洞察力，制定能吸引最优市场类型的品牌承诺。

信息、数据、人口统计，以及开发知识库所需的任何东西都唾手可得。21 世纪上半叶，在麦当劳工作时，根据数十

119

年来在全球范围内进行的市场研究，我们建立了知识库。由于没有公共的知识库，跨地域共享也很少，因此收集过程意味着与每个国家联系并请求提供相关报告。

缺乏知识和抵制知识共享是陷入困境的两个常见主题。这些都是官僚主义、孤岛思维、傲慢自大、不想做出改变、不与客户和世界联系的结果。信息存在于品牌的组织中，但它需要被发布和使用。只有当信息可用并得到利用时，它才能成为知识库的一部分。我们称之为 ROGL，或者全球学习回报率。拒绝以扩充知识储备为目的的信息发布和共享是品牌和企业对宝贵资源的浪费。品牌必须意识到，知识不仅仅是在服务器上，在云上，或者保存在拇指驱动器上的东西。学习推动知识，知识反过来又推动相关度。作为一个学习型组织，不应仅仅是一个人力资源项目：它是一种思维模式，必须渗透到每一位员工的心中。（我们之前出版的一本书《新品牌领导力》中有一个章节叫做"跨地域、职能和品牌的信息共享"，专门讲到了这一点。）

在企业之外，信息随处可见。我们生活在一个信息爆炸的时代，每一纳秒都会产生信息。似乎没有一个主题因为太小、太专业、或太荒诞而不包含任何信息。所有信息都有助于为洞察力建立知识储备。找到它，解释它，并使用它。

基于需求的市场细分

市场细分的目的是识别和理解品牌的客户。可行的、可操作的市场细分涉及几个关键领域，它协助指导品牌管理发展战略和品牌政策，还有助于管理资源分配。市场细分需要技术和研究技能。然而，与许多学者、研究人员和顾问的观点不同，有人认为市场细分研究的结果并不能揭示真相。事实上，通过市场细分可以发现很多问题。如果有技巧、有创造性地分析和整合这些问题，市场细分可以帮助你在以下方面提高认识：

- 从更高层次上了解客户，使品牌具有突出的竞争优势。
- 有效营销的基础性战略。
- 排列市场优先次序；有效的市场细分不仅能推动品牌战略发展，还能推动企业战略发展。

合理的市场细分研究能回答以下三个关键问题：

1. 谁是主要客户，谁是潜在客户？
2. 他们的需求和问题是什么？
3. 这些需求和问题发生的场合是什么？

什么是市场细分？市场细分就是以消费者的需求为标准将他们区别开来，从而确保同一个"市场"中的人们有共同的需求。产品、渠道和价格类别不是市场细分。例如，根本就不存在格兰诺拉燕麦卷市场，但存在便携、快捷、易于食用的营养食品市场，也存在午后提神产品市场，以及强身健体、有吸引力、有益身体健康的产品市场。剧烈运动前后都需要摄入可携带的蛋白质，我们还需要一种不显脏乱、富含维生素的健身包食品。

我们鼓励客户将市场细分的重点放在需求及其场合上。我们建议进行以需求为基础的场合细分，这并不意味着我们忘记了谁在特定场合下有这些需求。也就是说，我们需要做一个假设，预判某一种类中最重要的是什么。它意味着避免价格细分、行业细分、产品细分和渠道细分。这些都是一般制造商的观点，而不是以客户为动力的现实情况。

2014年的一次分析师交流会的问答环节，米勒康胜谈到了企业对啤酒行业前景的看法。首先谈到了什么是优质啤酒。接下来，公司界定了一个价格类别，它模仿了汽车工业的思维方式。然后，该公司谈到精酿啤酒。根据米勒康胜的数据，精酿啤酒类细分超过700种。[3] 这些精酿啤酒一定是在某些特质方面占有优势。但你从米勒康胜的评论中永远得不出这一点，因为它们的类别只是行业分类。研究表明，人们喝啤酒是为了满足需求、树立形象或应付场合。一个人在家里看体育比赛时喝的啤酒和在体育场喝的啤酒是不同的，也不同于商务餐期间在高档餐厅点的啤酒。如今，人们越来越渴望与本地化的配方、口味、配料和手工制作的、非工业的、天然的、"艺术的"饮料建立联系。我们之前提到的百威英博的评论强调，要从生产角度和用户角度看待品牌之间的区别。

如果李维·施特劳斯进行了基于需求的场合细分，那么当瑜伽服装热潮开始时，它可能会发展得更快。顾客想要一套舒适又时尚的瑜伽服，但他们也想要一套舒适、显身材、时尚的服装，以便在瑜伽课上、瑜伽课后和周末出差时穿。休闲、别致、舒适、色彩缤纷的服装不仅适合练瑜伽，也适用于其他场合，比如去银行，开合用小汽车，和朋友一起吃午饭，和家人一起散步，上健身课等。

满足顾客愿望，并且知道在什么场合下顾客会产生这种愿望，是市场营销和普通售卖的关键区别。售卖就是要说服消费者购买我们会生产的东西，而营销是要根据消费者想得到或者可能想得到的愿望而给予他们产品。对消费者需求的精准理解为了解竞争优势提供了基础。

基于场合，以需求为动力的市场细分是营销最基本的前提。我们在之前的两本书中花了很多时间来讨论它。市场细分至关重要，尤其是在恢复品牌相关度时尤为如此。细分创造了以客户为动力的分类图，分为顾客的需求是什么，哪些人有需求，顾客在什么情况下有这些需求。了解顾客，了解需求，了解场合都很重要。你所面临的挑战就在于如何将这种三维的市场观整合到以品牌为中心、完整的市场细分中。

我们的方法侧重于了解顾客为何要使用某个产品，他们使用的需求是什么，潜在用途是什么？他们目前使用的东西有什么问题？然后，我们定义不同需求所依存的环境（如何、何时与何地），再来看看谁有这样的需求。这个过程被称为"勾勒细分市场轮廓"。由谁 x 为什么 x 什么环境三维所构成的交集便是客户驱动型的市场细分。

以深刻洞察力为基础的市场细分能提供很多宝贵信息，这些信息有助于确定品牌策略、营销策略和资源配置方式。它还可以告诉你创新应该在哪些领域优先发展，并帮助你形成一个可能与你现有的实践完全不同的对于竞争范畴的界定。有效的市场细分是商业战略的原动力，而不仅仅是品牌策略。

2014 年的假日季，《华尔街日报》报道了金宝汤是如何根据冰箱里的食物来区分顾客的。这种细分的目的是为了在假期期间指导市场营销工作——广告和促销活动。

以下是金宝根据冰箱内不同的食物所做的市场细分：

充满激情的厨房大师——辣椒、甘蓝和有机苹果醋饮料等表明，这位厨师并不拒绝奇怪、多变的口味。这类厨师会在菜谱上加入自己的想法，还喜欢制作烹饪视频。

熟悉的口味取悦者——他们为取悦他人而烹调熟悉的美味佳肴，他们备有极具风味的咖啡奶精、果泥和辣椒酱，以迎合每个家庭成员的喜好。

熟悉的口味取悦者，墨西哥裔美国人——他们的冰箱塞满墨西哥玉米饼、奶酪，和各种果汁。金宝的研究显示，墨西哥裔美国人经常做很多家常菜。

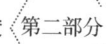 不自在的食客——这些厨师对食物很感兴趣，但是容易对晚餐做什么感到恐慌。冰箱里堆满了速食儿童餐，包括午餐盒。

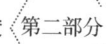 训练有素的健康管理人员——低脂奶酪、蛋清和绿色果汁表明，这位厨师经常考虑健康问题。他们喜欢做饭，关注健康问题。

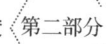 置身事外的速食者——你会在他们的厨房里找到披萨盒、外卖、啤酒和零食。他们不喜欢做饭，如果不是出于家庭义务，他们每餐都会吃小吃。[4]

金宝对客户进行了细分，这值得称赞。然而，这种细分的关注点是顾客拥有什么，而不是顾客为什么拥有它，他们有什么问题，以及他们在什么情况下拥有这些东西。它也不能让我们深入了解这些人到底是谁。金宝的研究是产品细分，而不是市场细分。

在第一部分"招惹麻烦的十二种行为倾向"中，我们讨论了汽车业和旅游业过分依赖于行业而脱离了客户。在一篇关于宝洁将美容业务出售给科蒂的文章中，一位记者评论说，宝洁为给这些美容品牌找到出路，并且定位这些品牌付出了巨大的努力。显然，这些美容品牌被归入吉列（Gillette）和博朗（Braun）的剃须品牌，并被细分为"男性"和"女性"两个类别。这种方法只持续了两年。[5]

正如我们所说，市场细分不仅仅是数学，也是艺术。英国《金融时报》的一篇旅游文章中，出现了一种更有创意、也可能更强大的市场细分。这种方法基于需求和场合，而非普通的行业分类方法。作者认为，旅游行业，包括旅游指南，错误地将目的地划分为"户外乐趣""家庭冒险""文化周末"和"岛屿隐居地"等部分，而实际上我们真正想要的是能够"将我们与真正找寻的东西联系起来"的目的地。旅游业为我们提供了糟糕的服务，它将世界划分为几乎完全不符合我们的内心和我们的灵魂所需求的类别。"旅游业或许应该考虑反映我们内心欲望的目的地，首先让我们爱上旅行：我想享受完整意义上的冷静，我想获得一种世界观，我想治愈自己，我想感受一种壮丽宏伟或短暂的文明。"[6] 这听起来可能有些牵强，但是想想，假如存在"逃离"这样一种市场需求，那么就需要明白人们要从哪里"逃离"。这种观点和创造力可以将标准的行业方法转变为客户驱动的方法，将市场细分与顾客的欲望和问题联系起来。令人遗憾的是，作为一个情感丰富、体验丰富的类别，旅游业的市场细分却落在了价格点和行业上。

我们与许多客户讨论并付诸实施的一些理念并不局限于带包装的商品。耐用品和工业/制造业或工程公司可能认为诸如细分之类的东西并不适用于自己的行业。然而，事实并非如此。

在 B2B 领域，业务"细分"的主要依据是规模、收入（"奖金多少"）或员工数量：例如，根据收入和员工数量评估企业需求，并设定所谓的小型、中型和大型企业的界限。它操作简易，很容易实现。然而，小企业在成熟度、焦点、问题和需求方面各不相同。正如柬埔寨商业银行市场营销报告所述，根据规模和员工进行细分的方法不仅有缺点，而且会使客户沮丧和不满。我们建议根据需求进行细分。作为基于需求市场细分的一份子，柬埔寨商业银行建议银行应评估小企业客户的终身价值，并将其用于需求评估。[7]

品牌承诺

品牌承诺是对品牌与顾客之间存在的特殊契约的简短概括。它描述了品牌在特定的客户群体或潜在客户心目中所代表的意义。通过不断地实践和实现品牌承诺，一个品牌将变得相关和独特。品牌承诺是一个品牌不断努力的目标。这是一个面向未来的描述，因为它表明品牌将要为客户做的事。

品牌承诺有三个组成部分：品牌主张、品牌个性和品牌支持。最初，我们将品牌主张定义为功能利益和情感回报的结合：即"品牌为我做了什么？"以及"品牌做得很好时，我感觉如何？"但是世界改变了，最显著的变化之一是"社交"的新定义。社交不仅仅是定义一种媒体类型的方式。一些重要的个人福利也和社交有关。其中一些福利来自于共享以及社交媒体的联系和互动，而另一些则与尊重、认同、社会地位和身份的需求有关。现在，社会福利如此重要，以至于我们将品牌主张定义为功能性利益、情感和社会奖励。

品牌个性反映了客户的价值观（谁是我们希望拥有的忠诚客户？）和品牌的性格（如果品牌是一个人，那么对目标客户来说最吸引人的品质是什么？）。我们确定品牌主张和个性之后才定义品牌支持。品牌支持是相关的但又不同的特征组合，对于那些具有相互关联特征的人来说是很有必要的，可以将品牌主张融入他们的生活。

品牌承诺的作用是多维的。首先，它为品牌找到了定位。它代表品牌，为品牌开发、传播、创新和改良确定了参数。品牌体验的描述必须是激励性的、相关的、有差异的，是你希望品牌能够兑现的承诺。始终如一地履行品牌承诺是客户感知品牌品质水准的方式。但品牌承诺也是一种内在力量，所有员工都必须了解和理解。他们必须明确品牌承诺并日复一日地为每个客户兑现这一承诺。不管职位如何，员工必须知道自己需要做什么来实现品牌对客户的承诺。

与史蒂夫·埃尔斯（Steve Ells）和他的 Chipotle（墨西哥风味快餐）团队一起工作时，从收银员到经理，我们都与之进行了交谈。在 Chipotle 工作了多长时间并不重要：每个人都很明确埃尔斯所说的"诚信食品"，真是鼓舞人心。这是一门课程，既要明确的、一致的承诺，准确的意义和语言，也要有一个教育过程，让员工了解品牌承诺。

我们曾与一位工业客户合作，他想打造互动服务，可以与耐用消费品协同工作。他投入和使用了大量资源，雇用劳动力，租用办公室，设计了标志，还寻找到了外部合作伙伴。虽然经过一年时间的努力，却没有一个团队成员了解这项服务将要提供的相关的、差异化的承诺是什么。没有人能清楚地说出顾客在购买产品和服务的第一天会得到什么。由于它给客户带来了难以置信的经济损失，最终只能解散。

对于恢复品牌的相关度来说，制定品牌承诺是十分重要的策略性步骤。但是，要想把这种思想传达给整个组织，我们需要找到一个快捷的表达方式，这种表达把一个统一的声音和态度迅速地传达给所有的员工、交流区和餐厅及其特许经营者。我们称之为"品牌精髓"。它必须抓住品牌承诺的激励意图，在许多方面成为每个参与者提及品牌及其承诺的方式。

永远年轻不仅是对麦当劳品牌承诺（其品牌精髓）的简略描述，也是振奋全球 100 多万员工的口号。2005 年以后，从未充分使用过这一口号，后来它也就被忽略了。它没有激励员工、产品、地点、价格和促销，也没有焕发生机，似乎也没有重新获得注入品牌所有元素的力量。《芝加哥太阳时报》（*Chicago Sun Times*）的刘易斯·拉扎尔（Lewis Lazare）对缺乏品牌热情——缺乏"永远年轻"的描述如下："自去年 10 月以来，麦当劳一直没有公开玛丽·狄龙上任的消息（取代拉里·莱特的新首席营销官），直到周一，她到意大利都灵，讨论即将到来的冬奥会缺乏新意，乏味无聊的宣传活动时，人们才知道这一消息。可悲的是，与狄龙的第一次接触令人震惊，因为我们坐着听了 5 分钟关于广告策略的朗诵。但是，狄龙的表现也许仅仅反映了麦当劳在其新领导吉姆·斯金纳的领导下正在迅速发生变化。吉姆·斯金纳——一位不露面、事先编制好程序的神人，他一心只想保持销售额以满意的速度增长。"[8]

认为品牌承诺只是一种营销概念是不对的，它不仅定义了整个品牌体验，而且是品牌组织中的一种激励力量。而且，在这个时候，没有媒体能够清楚地说出麦当劳的品牌承诺是什么。如果说品牌宗旨可以理解为是成为一个现代化、与时俱进的汉堡公司，对于品牌承诺却只字未提。顺便说一下，有这样品牌宗旨的公司现在肯定有好几十家。

品牌承诺不仅仅是一种消费品构想。2015 年 2 月，圣戈班高性能塑料公司（Saint-Gobain Performance Plastics）的流程系统部重组了产品供应，改变了其品牌组合，以更好地满足全球客户群的需求。该计划的既定目标是使流程系统的业务与不断发展的全球客户需求保持一致。流程系统部的全球营销总监雷蒙德·佩斯说："新的品牌组合使我们能够清晰地传达我们为客户提供的价值和品牌承诺，包括内心的平静和与客户之间建立的信任。"[9]

20 世纪 80 年代末，撒切尔政府私有化之后，英国航空（BA）品牌重塑了跨大西洋飞行的品牌体验。在科林·马歇尔爵士（Sir Colin Marshall）和一流营销集团的领导下，该品牌做出了一些重大决定，希望乘客在整段旅程中感受到完整的品牌体验。这一概念超越了完善机上服务的范畴。首先，这意味着为包括协和飞机在内的每一类服务创造品牌承诺。其次，研究小组认识到，在飞机上，人们吃饱、安顿好之后，能做的事情就只有这么多了。空间有限，可提供的便利设施数量有限。再加上向东飞往英国的航班往往是通宵航班，所以大多数人都想睡觉。在这种情况下，服务重点转向了地面体验，特别是英国航空休息室。在你登机之前，就已开始体验英航的热情好客。服务类别是通过供应不同餐饮水平的休息室来区分的。第三，公司决定将重点放在利润较高的商务旅行者身上，因为他们必须经常跨越大西洋出差。

1993 年，英国航空公司出版的一本小册子明确了为商务旅行者提供新型商务舱、头等舱和协和式舱等舱位服务的品牌承诺。英国航空公司是这样定义每个服务类别的：

> 1993 年英国航空公司出版了一本小册子：《踏入新世界》（*Step Into A New World*），我们通过这样的方法让商务旅行者感到自己是世界上最重要的人。[10]

未来欢迎您!

我们为商务旅行者创造了一个新世界：服务项目更多、更舒适、更自由。您在新世界俱乐部能体验到头等舱和协和式飞机的舒适，以及商务旅途中的快乐。欢迎走进我们的世界。

◈ 世界俱乐部（商务）

品牌精髓：放飞思绪；放松心情。

为什么？因为谈生意您需要做好准备。

无论是空中还是地面，我们都将为您提供拥有全新服务，可以尽情放松的俱乐部世界。

◈ 头等舱

品牌精髓：睡眠空间；放松空间。

为什么？影响公司未来的重大决策？等睡醒后再解决吧。

我们有独一无二的一流服务。我们给您空间，让您从繁忙的商务生活中得以休闲。在您行动之前，我们给您思考时间。

◈ 协和式飞机

品牌精髓：速度——征服时间。

为什么？协和式飞机重视您的时间价值。

协和式飞机为您创造更多时间。早上 10：30 离开伦敦，第二天早上 9：20 就可到达纽约。

这本小册子提供了列表中每种不同服务的详细信息。这是品牌承诺、市场细分和通讯体系的融合，令人为之赞叹。英航通过创新和改良飞行及地面服务，通过独特和富有洞察力的营销方式，改变了客户对英航品牌的体验，反过来又改变了客户对品牌价值的看法。（无论客户选择哪家航空公司，这一切都对人们的国际旅行方式产生了巨大影响。）柯林·马歇尔爵士退休后，公司就开始削减成本，今天的英航在服务方面仍有过去的影子。但那十多年的时间里，英航的品牌体验是独一无二的。如果你购买了英国航空公司的这一类服务，你就知道是怎么回事了，而且他们会始终如一地兑现承诺。

品牌为顾客做出相关度和差异化体验的承诺。完整的品牌体验（功能性、情感性和社会性）定义了品牌的相关差异性。

如果一个品牌没有兑现其承诺，就要承受财务和社会后果。盖洛普（Gallup）对 1800 万名消费者进行了一项调查，结果显示，超过一半的受访者认为，与他们有业务往来的品牌没有兑现承诺。以下是盖洛普的报告："品牌承诺对消费者很重要——盖洛普调查显示，品牌承诺对商业结果有深远的影响。盖洛普的客户表示，数据库中表现最好的公司有 75% 的时间兑现了品牌承诺。这些公司拥有更高水平的客户参与度，使它们能够在盈利分红、效益、收入和关系增长方面超越竞争对手。"[11]

此外，盖洛普还为正确创建和使用品牌承诺提供了进一步的支持："盖洛普的分析显示，只有 38% 的客户完全信赖公司，这类顾客对公司有强烈的情感依恋，他们会千方百计地寻找自己喜欢的产品或服务，而不接受替代品。作为真正的品牌大使，他们是公司最有价值，最有利可图的客户。"[12]

市场细分与品牌承诺有着内在的联系。品牌承诺必须满足特定市场客户的需求／解决客户的问题，并提供相应的差异化品牌体验。有时，市场营销人员会把细分任务交给市场调研团队，把承诺交给品牌团队。即使在信息共享的情况下，官僚主义和不利于合作的孤岛思维也会阻碍企业的成功。

斯佩里是世界上第一双船鞋的创造者，他将市场细分和品牌承诺相结合，树立了该领域的典范。2015 年 2 月，斯佩里宣布了一项与市场细分相关的新品牌活动和该细分下的品牌定位。这项活动更新了创始人保罗·斯佩里（Paul Sperry）在 1935 年的最初想法。

他曾经说，"创新精神激励着那些敢于冒险的人，使他们努力过更充实的生活。"这是他从自己的人生观出发产生的想法，我们应该把每一天都当作奇幻的旅程。这项新活动名为 Odysseys Await™，斯佩里将其描述为传递"创始人的探险精神和创造力，恰逢该品牌 80 周年纪念。"斯佩里说，为今天的顾客重新注入活力可以体现"品牌的真实本质和价值"。以客户为中心确定新的细分市场。该细分被称为"无畏者"，与保罗·斯佩里一样，他们是"被同样的冒险精神团结在一起的年轻、热情的个体"。这是一个全球性的数字化连接组。该活动的理念是"与现代探索者建立联系，他们充满激情，想过有意义、充实的生活，而不是简单地活在当

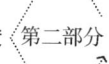

下"。斯佩里的总裁里克·布莱克肖（Rick Blackshaw）说：
"我们的使命是通过海上探索和冒险的力量点燃人文精神，
我们的目标是与全球范围内勇敢无畏的消费者建立
联系。"[13]

注释

〔1〕 See Light, Larry and Joan Kiddon, *New Brand Leader-ship*, Pearson Education, NJ, 2015.

〔2〕 Suddath, Claire, with Duane Stanford, "Coke Is Ready to Talk About Its Problem: Inside the Relaunch of America's No. 1 Soft Drink," *Bloomberg Businessweek*, August 4−10, 2014.

〔3〕 *FD(Fair Disclosure) Wire*, Miller Coors Trading Update Presentation, Final, November 6, 2014.

〔4〕 Nassauer, Sarah, "If Your Fridge Could Talk ······ Campbell Classifies Six Types of Cooks as Companies Tailor Holiday Food Marketing," *The Wall Street Journal*, December 17, 2014.

〔5〕 Ng, Serena, and Ellen Byron, "P&G Exits Slumping Beauty Business," *The Wall Street Journal*, July 7, 2015.

〔6〕 De Botton, Alain, "I Travel Therefore I Am," *Financial Times*, August 15−16, 2015.

〔7〕 Neckopulos, Jim, "Segmenting Small-Business Customers: While Most Banks Segment Small Businesses According to

Revenue Size or Number of Employees, It's Far More Effective to Do So According to the Lifecycle Needs of the Business and the Owner," *ABA Bank Marketing*, November 1, 2010.

〔8〕 Lazare, Lewis, "Not Lovin' This Lazy McDonald's Effort," *Chicago Sun Times*, January 24, 2006.

〔9〕 *Business Wire India*, "Saint-Gobain's Process Systems Business Unit Announces Revamped Brand Portfolio," February 9, 2015.

〔10〕 *British Airways*, "Step into a New World," 1993.

〔11〕 O'Boyle, Ed, and Amy Adkins, "Companies Only Deliver on Their Brand Promises Half the Time," *Gallup Business Journal*, May 4, 2015.

〔12〕 Ibid. , O'Boyle and Adkins.

〔13〕 *Business Wire*, "Sperry Announces Brand Repositioning and Global Campaign Launch; Brand Targets New Consumer Mindset and Inspires Others to Live Life to the Fullest," February 24, 2015.

法则 3：

彻底改造品牌体验

正如英国航空公司和其他案例所揭示的，品牌是对相关度和差异化体验所做的承诺。品牌的整体体验（功能性、情感性和社会性）决定了品牌的相关差异性。

彻底改造品牌体验所需的一系列实践形式包括：

- 创新与改良。
- 市场营销。
- 值得信赖的品牌价值。
- 公平价值。
- 完整的品牌体验。

创新与改良

正如我们在第一部分"倾向 6：缺乏创新"中的说法，

创新失败（或改良失败）是招惹麻烦的信号。品牌通过发布"新闻"保持相关性和时效性——也就是说，告诉我你在做什么有趣的事。新闻很关键，因为它能带来关注率。无论以何种方式接收新闻，都能让你的客户上门，或登录网站，或点击应用程序。如今，新闻传播得很快。告诉客户你的品牌新在哪里，有什么不同点。要改变人们的行为，品牌必须改变。创新就是改变。为了改变人们的行为，品牌必须帮助他们学习新的东西。学习一些新的、令人惊讶的、愉快的以及独特的东西，会带来行为改变。不断的改良和创新是成功的必要条件。产品和服务的改良和创新是获得利润持续性增长的关键。

重塑品牌，改变人们的行为，然后改变他们的态度。行为可以建立在套路、成本或便利之上。有人经常光顾你的品牌并不意味着他们喜欢你的品牌。为了获得品牌偏好，有必要改变人们对该品牌的态度，而做到这一点的最好方法就是品牌新闻：传递允许他们做出改变的新信息。态度是对于某件事的信息积累，从而让人倾向于以积极或消极的方式行事。为了改变人们的倾向，需要改变产生倾向的信息基础。美国西北航空公司（Northwest Airlines）认为自己有很多忠实客户，因为他们经常出入底特律和明尼阿波利斯（Minne-apolis）等中西部航空枢纽。实际情况却是因为这家被称为"西北最差"（谐音）的航空公司占据中西部走廊，无奈之下，客户只能选择该公司。

为了制造轰动，为未来的销售打基础，谷歌不得不为谷歌眼镜创建"用户"基础，也不得不改变行为。它利用"早期使用者"组成团队，让他们戴上谷歌眼镜，展示它能做什么，并宣扬它的好处。有人觉得早期使用者有点自鸣得意，有时看起来甚至有点可笑。谷歌没有利用新闻改变人们的行为，那些处于用户体验前沿的人在几纳秒内就从"酷"变得"不酷"。谷歌撤回了该产品，据说现在正重新改造谷歌眼镜并修复其设计上的缺陷。

2002 年，麦当劳团队意识到自己仍然有很多常客，但这些顾客不再喜欢这个品牌，只是觉得它既便宜又方便。没有任何事能使得顾客光顾麦当劳的原因是因为对麦当劳情有独钟，而不只是出于习惯。新闻报道在吸引顾客访问量并相应地改变他们想法方面发挥了巨大作用。食品新闻以沙拉、苹果切片和快乐儿童餐中的牛奶作为主打品，麦咖啡承诺提供性价比更高的优质咖啡，现代化设计将那些老掉牙的、天真烂漫的餐厅变成了提供永远年轻体验的场所。这些只是麦当劳创新和改良的部分变化。每一次改变都经过精心设计，为所有人带来充满青春活力的愉悦体验。

苹果通过品牌创新和改良维持客户的兴趣；亚马逊为其一系列产品进行新闻报道，并将创新作为其发挥所有功能的关键；大力水手用香料来"改良"产品，使菜单更具吸引力，与竞争对手相比更具品牌独特性。

在皇冠假日酒店（Crowne Plaza Hotels），詹尼斯·坎

农（Janis Cannon）带领品牌团队开发创新产品，为有抱负的商务旅行者兑现公司的品牌承诺。这些创新包括房间设计和服务设计。商务旅行者在旅途中有特定的需求和问题。詹尼斯·坎农和她的团队在回顾和综合了知识库之后，创建了一个更有利于提高室内工作效率，以及工作后可以放松的房间设计蓝图。大多数酒店的房间对每个人来说都是一样的，只是房间的大小和设施有所不同，比如额外的插头或传真机。坎农想要从零开始设计一个房间，让商务旅行者感到非常舒适，这样一来，他们可以更有效率地工作。这意味着重新调整房间的交通模式、家具、区域和噪音控制。在设计所有这些变化时需要考虑建造成本在可接受范围之内。酒店业主可能拥有 300 间客房。假如重新设计一个房间的成本为 1 万美元，需要重新设计的房间数按一半计算，即 150 间，那么这个酒店翻修总成本为 150 万美元。皇冠假日酒店的企业生产力房型非常受欢迎。就连最初抵制新想法的建筑师现在也声称这是他们自己的发明，并在网站上进行了详细的描述。[1]

对一些陷入困境的食品公司来说，创新进程缓慢，或者说根本不存在创新。金宝汤和可口可乐这样的公司已经通过购买其他品牌的现货和储备的饮料来弥补创新方面的失败。例如博尔豪斯和新鲜花园食品公司（金宝）、诚实茶、济科、斧子科技、奥德瓦拉、果水、苏佳（可口可乐）、喀什（凯洛格）、安妮（卡夫，如今的卡夫亨氏）和本杰里（联合利华）等等。然而，对于这些"被收购的光环"品牌来说，日子却过得很艰难。喀什就是一个很好的例子，它不仅在文化上举步维艰，而且在客户信任感方面也面临困难，因为凯洛格改变了很多原料，所以人们认为喀什声称生产线上的许多产品是"天然"食品这一做法很不合理。

麦当劳再次展示了一种创新思维。酥脆酪乳鸡肉三明治是经过改良的新型鸡肉三明治。全天早餐引起了顾客的兴趣。创建你的口味（CYT）菜单，"客户可以定制自己的汉堡"是其中一项主要举措。这样做是为了与 Chipotle 等"休闲快餐"品牌竞争。根据媒体报道以及加盟商调查和分析师会议，创建 CYT 菜单需要 7~10 分钟的等待时间，而快餐需要快。尽管 Chipotle 也是为每个人量身定制，但它的食物供应速度非常快。史蒂夫·埃尔斯的立场一直是，快餐的问题并不出在"快"上。他认为，问题出在食物上。你不必以速度换取质量和个性化。Chipotle 致力于在 90 秒内为客人提供高质量的食物。

市场营销

我们在法则 1 中讨论过先锋营销。但是，自六大法则首发以来，有必要强调市场营销的迂回曲折。在当今企业的三个关键领域，市场营销都有可能发挥关键作用。这三个领域都是相互联系的：

◈ 营销细分。

◈ 首席营销官的作用。

◈ 协作三箱模型。

当今，我们拥有一个新世界，品牌营销的机会达到顶峰。现在回想起来，我们在麦当劳做的工作似乎有些原始。这种转变取决于市场营销，但应该是真正的、广义的市场营销：即彼得·德鲁克所说的市场营销，就是要在满足客户需求的基础上盈利。这六大法则为一场巨大的营销变革提供了契机，首席营销官需要担任领导角色。

自 2005 年以来，新技术、新数据库、新媒体和新用户群的爆炸式增长使这个行业变得四分五裂。营销正被分割成许多单一的角色，以至于失去了重点。例如，我们参加一个客户端营销会议，除了首席营销官，还有首席见解官、设计总监、首席创新官、首席定价官、线上线下销售总监、首席数字官、首席信息技术官、首席信息官、首席移动官、首席忠诚计划总监。首席营销官只能负责品牌传播，因为一旦所有的职位都由一群首席执行官担任时，他们就没有别的事情可做了。不出所料，这些"官员"中的每一位都是领导，都有自己的优先级别、责任、议程、数据、研究、独立的权力、报告结构和自己的团队。而上述甚至还不包括在其专业领域内同样有具体职责的机构合作伙伴。

这种功能细分破坏了营销的作用，削弱了它的功效，降低了它的价值。为争夺有限的企业资源而相互竞争的各种职能部门"负责人"正在扼杀市场营销。由于这种功能性的细分，营销被简化为鼓励一体化背景下的一种管理沟通模式。这种腐蚀性行为正在贬低市场营销，抹杀其本质价值。市场营销的作用正在被边缘化和庸俗化，难怪最高管理层经常将品牌战略外包给外部顾问。

顾客接触方式的多样化使得品牌接触顾客及潜在顾客的主要和次要方式的排序发生了变化。包括脸书和推特在内的交流方式层出不穷，每天都有新的应用程序和网站应运而生。比起以前，客户有更多的机会看到、听到、创建、报告信息、并对信息做出反应和响应。提供战略方向和有效整合的难度愈来愈大。首席营销官的领导地位似乎在下降。

首席营销官必须负责市场营销，其工作内容主要有：

- 帮助确定品牌的高质量增长战略。
- 在共同的品牌宗旨和方向下，实现组织的一致性。
- 帮助定义品牌业务优先级。
- 开发和实施平衡的品牌管理计分卡。
- 制定价格—价值战略。
- 洞察趋势、竞争环境、客户需求、问题和行为。
- 通过界定以创新和洞察力为驱动的产品和服务的开发重点，引领以客户驱动型创新。

除负责品牌传播，内部和外部营销都以促进客户驱动型的顶线增长为宗旨。

在许多组织中，首席营销官（CMO）的工作范围比应有的要小。该职位被重新定义为负责制定品牌承诺并维持其新鲜感的品牌官。然而，我们与多个品牌客户合作，每个品牌都有自己的品牌主管，这使得"全球"品牌官员只能维持治安，充其量只能扮演一个边缘角色。全球营销最有效的方法是协作三箱模式，该模式允许区域和全球领导以最有效和高效的方式代表品牌明确各部门责任。[2]市场营销细分和首席营销官降级是企业希望转移责任的结果。如果有 10 个或更多的人来划分市场职能，那么很难看出责任和义务具体由谁负责。每个主管都负责各种活动，但谁对结果负责？建立责任分工和问责机制在一个全球化、本地化和个性化互相碰撞，不同力量互相冲击的世界中更具挑战性。在这种新的营销环境下，协作三箱模式是领导品牌的最佳方式，它改变了全球和本地品牌团队的职责，使其更能反映现实状况。它通过启发、影响、教育、支持和评估成为全球首席营销官领导工作的强大后盾。

新价值等式的概念

价值不是发票上的一组数字，它是营销的灵魂。当然，我们必须确保始终为消费者提供他们支付得起的服务。但是，让顾客买得起并不意味着我们应该使品牌显得廉价。现代市场营销中最糟糕的做法之一就是将价值定义为低廉的价格。在这个过程中，高价值的品牌就成为了价格最低的品牌的代名词。价值不仅仅是低价。麦当劳的案例表明，2008 年经济衰退期间，麦当劳的首席执行官吉姆斯·金纳依然认为麦当劳不会衰退，因为它有超值价格：让顾客"买到更便宜的食物"。价值和低价是不一样的。然而，一旦你的品牌被定义为低成本、廉价，你就面临着质量、信誉和真正的品牌价值下降的风险。

价值等式是顾客对品牌价值的心理感知。每次客户进行购买时，它都会起作用。例如，一袋装有 35 个洗衣球的汰渍，在南佛罗里达的帕布利斯超市以 10.99 美元的价格出售。南佛罗里达全食 360 零售商品牌的洗衣球，一盒装 50 个，售价 9.99 美元。哪一个价值更高？哪个能提供更好的洗涤体验？人们会用一个价值等式来考虑品牌的价值，这个等式考虑成本与获得的体验之间的关系。成本是品牌感知价值等式的分母，而整体品牌体验是品牌感知价值等式的分子。

要创造持久的、有利润的、值得信赖的品牌价值，就不能只在价格和便利方面竞争。麦当劳的创始人雷·克罗克（Ray Kroc）深知分子和分母的重要性，他认识到买得起和方便很重要，他也明白麦当劳的品牌优势不仅仅是方便和价格，它不只有汉堡包、薯条、软饮料、或奶昔。他认为，麦当劳的品牌优势还在于尊重、友好、有趣的体验，即顾客付出时间和金钱所获得的体验。雷·克罗克提醒大家，麦当劳是一个"快乐的地方"，在这里，每个人都可以享受全家人在一起的快乐饮食体验。

价值观念的转变

在我们之前出版的一本书《新品牌领导力》中，我们讨论了顾客感知价值在过去 50 年中是如何演变的。由于社会、经济、技术和个人力量的变化，客户的品牌体验也在变化，因为顾客期望值变了，顾客评估品牌价值的方法也会随之改变。

如前所述，市场营销人员最大的敌人永远是自己，他们让"低价"取代了"价值"的概念。任何价格均代表一定的价值："它有很高的价值"可以用于形容保时捷和普锐斯，可以形容名牌鞋店和萨克斯第五大道精品百货店的鞋子，也适用于阿尔迪超市和哈罗德食品广场。价值是顾客眼中的价值，是在互动中体现出来的。价值是相对的。山姆会员店（沃尔玛会员店）的老板不想再像沃尔玛那样被当作一家"有价值"的商店，而是同好市多那样的公司竞争以争取高收入顾客进店消费。[3] 全食超市表示，它需要专为不愿（或不能）在全食超市购物的千禧一代设计商店。与此同时，全食超市继续与大众对它的看法（一家价格过高的杂货店）作斗争。

值得信赖的品牌价值

今天，有一个新的顾客感知品牌价值等式：值得信赖的品牌价值。信任是这个等式中的一个重要因素。（我们将在"法则 5：重建品牌信任"中继续讨论信任。）

顾客感知价值等式是顾客通过付出金钱、时间和努力等顾客成本获得的功能、情感和社会效益，它可以创造品牌价值。消费者对品牌价值进行心理评估时，信任就会起到事半功倍的作用。没有信任，品牌就没有价值。这就是新的价值等式：你付出的成本乘以信任，你将得到自己期望的体验。了解值得信赖的品牌价值的驱动因素能给品牌提供最大的机遇。建立值得信赖的品牌价值需要嵌入到企业及其品牌中，必须成为企业关于品牌问题的日常讨论的一部分。这是首席营销官和市场营销之间在最高管理层位置上的对话。信任是每一种关系成立的关键因素，无论是内部还是外部。我们是否增加或减少了品牌可信赖的品牌价值？我们衡量过它吗？为了增加值得信赖的品牌价值，我们必须做什么，需要继续做什么，或者停止做什么？我们新营销方法的目标之一是：确保它创造、培育、建立和增长值得信赖的品牌价值。

公平价值

要产生值得信赖的品牌价值，必须将品牌的内在价值视为一种公平价值。公平不仅仅是价格，还包含正义。公正意味着收益/成本等式公平、公正、可靠、值得信赖、不偏不倚。建立品牌价值是一个持续的挑战。回归原初是在榨取品牌价值。依赖品牌过去的成功势头会损害品牌。为了增加股东价值，品牌必须以最高效方式、最大限度地提供客户所看重的带有该品牌标记的产品。顾客需要感知品牌的巨大价值，而不仅仅是接受品牌的价格。

为了建立值得信赖的品牌价值，品牌领导需要衡量顾客的支付和收益之间的关系。客户是否认为两者之间是公平的？我们报价多少才算公平？市场营销人员不能认定什么价值是公平的，只有客户可以。

我们可以创建一个顾客感知的公平价值图。通过画出的品牌 A、B、C，我们可以看到每个品牌如何反映顾客感知价值。品牌 A、B 和 C 都可以看作是公平价值，连接的对角线就是"公平价值通道"。通道上方的品牌，相对于他们提供给顾客的利益来说是价值较低的。而通道下方的品牌，可以看作是超值的。

降价忠实度与品牌忠实度

品牌要想被认为具有公平价值而不是廉价，就必须避免过度的以价格为购买理由的营销宣传。降价忠实度不等于品牌忠实度，它不是真正的忠实。品牌忠实度不能靠贿赂消费者得来，贿赂只会令消费者关注价格，而不是你的品牌。如果别的地方有更便宜的产品，这些依赖降价的消费者就会去光顾你的竞争对手。如果顾客不喜欢我们的品牌，那么廉价和方便都不会建立我们的品牌威信。

偶尔提醒消费者，可以让他们知道我们的品牌是平价的。但是，过分地单纯强调价格会损害消费者的忠实度，养成降价依赖性。为了重塑品牌，我们的宣传重点应该是品牌的相关度，而不是铺天盖地的价格信息。告诉客户，这是一个很好的品牌，价格也合理，而不只是传达它是平价商品。

完整的品牌体验

品牌宗旨和品牌承诺界定了品牌的完整体验。不论何时何地，我们都希望在激烈的品牌竞争中将这一品牌体验展示给客户。但是，品牌领导如何为品牌体验注入生机呢？法则 6（"实现全球联盟"）强调企业联盟，制胜计划是

联盟文件的主要内容，它定义了品牌（全球）的优先级和
5p 行动的含义：人力、产品/服务、地点、价格和促销。
完整的品牌体验包括客户付出的成本和他们获得的利益。
增加信任也是整个品牌体验的固有部分。如果消费者认为
预期的体验将再次面临风险，那么完整的品牌体验感知将
受到影响。

执行 5P 行动方案必须做到一致、可靠、可信。换句话
说，它必须值得信赖。让我们举一个例子：假设您在一个小
机场有一次糟糕的经历。你可以联系航空公司的在线客户投
诉网站，有人回答了你的问题，接着你回信，她再次回答。
她保证这种情况会得到处理，下次乘坐该航班经过那个机场
时，不会遇到这种问题。但你猜怎么着？一周后，你再次乘
坐该航班，遇到了同样的问题。即使这次可以享受该航空公
司的优惠券或里程旅行，或者升级到更好的座位，但也显得
没什么意义了。航空公司的说法不可信，这一事实会让品牌
体验黯然失色。

制胜计划的 5P 行动

制胜计划的 5P 行动有助于定义品牌将为客户做什么
——换句话说，品牌希望提供的品牌体验是什么。5P 行动
是品牌必须实施的最核心、最一致的行为清单。

人力

商业经营中顾客至上，但这并不意味着顾客是第一位的。顾客是第二位的，员工才是第一位的。这就是为什么人力是 5P 之首。内部一致性是第一位的。培养忠诚的企业文化至关重要。提到与顾客的关系，特别是在服务行业，员工才是真正的第一线。内部的品牌荣誉感是影响外部品牌形象的关键因素。如果你的员工没有自豪感，也没有受到新的品牌方向的鼓舞，那就无法彻底改造品牌体验。领导团队必须要有领导力。人力资源部门对于品牌重塑作用巨大。

如果我们想要员工热爱自己的品牌，首先就必须关爱员工。如果我们想要员工满怀激情和骄傲地提供超值品牌体验，就要告诉他们：我们对他们的工作以及他们的角色满怀激情和骄傲。

首席执行官道格拉斯·科南特在金宝汤公司转型中就采用了这种方法。正如他在 2011 年的一篇文章中所说，"我坚信，只有在工作中取得成功，才能在市场上取得成功。因此，当我来到这里时，我们创建了所谓的金宝成功模式。"他说，我们将努力在工作场上取得成功，这将使我们能够在市场上取得成功，在社会上取得成功，并创造一个更美好的世界。而且，我们必须诚实地做所有事情，这一点没有任何商量余地。"科南特接着描述了"金宝汤的承诺"，明确表示公司必须重视员工，员工也必须重视金宝汤。他年复一年

151

地提高了公司的信任度，创立了金宝领导模式，并将其作为鼓励内部领导力发展的基础方法。他做了很多重大的改变，目的是建立一支自豪、热情的金宝追随者队伍。他深信这将改变金宝走向市场的方式，并提高成功率。[4]

20世纪90年代，大陆航空（Continental Airlines）的工作人员缺乏自豪感，品牌因此受损。正如我们在第一部分"招惹麻烦的十二种倾向"中所提到的，戈登·贝休恩在1994年来到大陆航空时的第一个任务就是提高员工的敬业度和热情。

对于加盟店来说，人力的定义甚至更为宽泛。不仅员工必须100%支持品牌，加盟商也必须信任品牌。2002年，伊利诺斯州奥克布鲁克的麦当劳总部令人沮丧，公司的员工士气低落，店员对自己的工作感到尴尬，柜员心情不好时，就拿顾客出气。态度粗鲁，订单出错的次数增加，卫生间经常没人打扫，桌子很脏，队伍太长，免下车服务的等候时间延长。与此同时，加盟商群体被孤立，抱怨连连。内部治理是当时的第一要务。首席执行官吉姆·坎塔卢波担任领导角色，他代表在麦当劳工作的每一个人，公开为麦当劳的声誉辩护。尽管成本被削减了，但人力资源方面的投资和质量却提高了。（参见麦当劳的在线案例研究，网址：www. ftpress. com/sixrules。）

人力是5P之首。如果员工和老板都不站在你这边，商店里的任何东西哪怕再好都不会起作用。就像我们过去曾说过的，现在仍然在说的那样，"在餐厅内部整理好之前，别指望会有什么好事发生。"

内部出现问题是衰退的迹象。麦当劳的员工状态再次对公司提出了考验。公司的士气低落，餐馆员工的自豪感下降，品牌质量和服务受到影响，清洁不力，订单频频出错。麦当劳不再是一个"令人快乐的地方"，加盟商的"幸福"报告也不容乐观。2015 年 7 月的最新调查显示，加盟商的士气正在走下坡路，与麦当劳公司的关系处于低谷。[5]

首席执行官谢丽尔·巴舍尔德注意到，与大力水手加盟商之间不太愉快的关系正在损害品牌。她几乎立刻就把注意力集中在关系修复上。就像麦当劳在 2002 年所做的那样，忽略加盟商是不可能获得成功的。2014 年，巴舍尔德曾说过："在我与加盟商的第一次会面中，他们想要进行权力之争——替换所有人，他们不相信任何人。"你们只相信你们了解的人，这就是问题所在。所以……我们开始听他们的。季度会议上，公司告诉他们一些事情，但是他们不听。当我们想重塑商店形象时，他们坚持说不。巴舍尔德接着说，她的团队听取了加盟店的意见，将他们的想法融入设计，然后建了 10 家门店，让加盟商能够真正摸到和看到，所有的成本都一清二楚。此外，公司开始让加盟商参与重要决策。[6]

如果你的员工不相信自己的品牌，你就不能指望顾客相信你的品牌。这一点不仅只适用于服务行业。品牌领导力是自上而下的。人们不仅服从领导所讲的话，而且会追随领导的态度和行为。这就是为什么内部营销如此重要，如果你把外部世界看得比内部人员更重要，那么外部计划和项目就不会成功。员工是第一位的。

"我就喜欢"的广告首发面向公司内部：面向全球所有员工。每个人都觉得自己是这件特别事情的一部分。他们知道自己"参与"了很多人都想知道的事情。当今世界，这种类型的内部沟通更容易做到。尽管管理起来有一定难度，但仍然很有必要。借助科技，内部新闻的传播比以往任何时候都更快、更隆重。与此同时，想要保密几乎是不可能的。事实上，员工是第一位的，所以要想办法让他们保持联系，让他们知道你在做什么，成为内幕"知情"者，并激励他们团结一致。

产品（服务）

对于所有的商业经营者来说，顾客都像血液一样重要。顾客不傻，在品牌迷失方向的时候，他们会知道。他们非常清楚，如果要为哪个品牌花掉自己的血汗钱，这个品牌最好有中肯的品牌承诺，并且能够提供可以感知的出众价值。

产品和服务就是证明承诺是否属实的切实证据。

产品和服务需要与时俱进。在许多情况下，品牌需要改良或重新打造形象。我们已经讨论过对企业不再关注其核心产品（服务）的问题。值得重申的是，出于成本考虑，榨取核心客户的利益并逐步降低核心产品的价值，会使品牌走向

154

死亡。在做好的基础上做大的政策需要不断改良和创新。乐高正在研究如何提高塑料积木的可持续性。目前，乐高的塑料用量巨大。了解到母公司客户的担忧，并预测未来几代人的需求，乐高正在投资一种使用较少塑料和更多环保物质的积木。[7]美泰没有乐高那么成功，这个具有标志性的洋娃娃并没有以相关的方式更新。就在我写这篇文章的时候，有消息称芭比娃娃将会拥有"人工智能"，这样她就可以成为孩子最好的朋友了。[8]

温蒂取得的成功部分归功于核心产品的改良和更新；大力水手用香料来改良核心产品，让它们看起来既时髦又很酷；肯德基正专注于其核心炸鸡产品和桶装炸鸡产品；彭尼正在重塑原有的核心品牌声誉和自有品牌；微软正在重建微软 10 办公产品过去的一些标志性元素。即使重塑的重点是更新的概念、产品和服务，品牌也必须避免由于成本削减导致的核心产品和服务的不断退化。

服务行业中的品牌也在逐渐衰落。乘客们对于服务缩水非常敏感，这可不是在商务舱的服务中在沙拉里不放橄榄（即通过此法减少成本）那么简单。此前，达美航空俱乐部向会员收取接近 500 美元的个人费用后，又向通过会员介绍加入俱乐部的每个人额外收取 20 美元。达美忽略了这种粗鲁行为给品牌带来的负面影响。或者，为了解决"销售过多"的情况，登机口代理商承诺客户，他们暂时放弃使用的座位券，可以在假期使用。这种情况不会发生，许多精明的顾客都知道，"限售日"禁止在假期结束前使用这些代金券。

市场细分是产品创新和改良的重要指南。产品和服务需要解决客户的问题，满足客户的需求，或预测客户的需求。市场细分为开发相关的、差异化的创造性解决方案提供了特定的方向（而不是答案）。了解"人物、原因、背景（如何、何时、何地）"是一切创新过程的开始。

品牌仅生产那些自己会生产的产品，然后说服客户需要这些产品，这种做法经常会见到。但它并非以客户为导向。

2011 年秋，罗恩·约翰逊被任命为杰西潘尼的首席执行官。他的使命是给这个品牌注入新的生命。17 个月后，他失业了。发生了什么事呢？原来是他在不了解市场细分的情况下进行创新。在进行变革时，品牌没有考虑到杰西潘尼客户的需求、关注点和情况。品牌所做的创新涉及到顾客与特价商品，这与他们对所在细分市场的看法背道而驰。在许多方面，它也可以用来佐证倾向 1：（巨大）成功后的傲慢。"毕竟，苹果的确取得了巨大的成功"，约翰逊认为，他在苹果学到的东西可以用于杰西潘尼。如果他深入了解过杰西潘尼的客户群，可能会以一种不同的方式来实现品牌愿景。

新产品开发必须以客户为导向，这意味着在投资之前要考虑细分市场，然后，才能进行创造性输入，综合，构思，和预计期望值。皇冠假日企业生产力办公室对细分市场有一个严密、清晰、缜密的定义，以及一组参数：谁是目标客户、目标客户出差时需要什么、目标客户的问题是什么，这些问题发生在什么样的商务场合。此外，品牌承诺的定义是相关的和差异化的目标市场。虽然经常会遇到各种挑战，但有了清晰的品牌框架，就可以将建筑公司的创造力框定在一个不相关的区域，使得他们专注于皇冠假日酒店的改造成果，而不是纯粹的创意。

涉及新产品开发时，必须要保持专注。需做好以下两件事：与战略目标和品牌承诺保持一致，秉持极简法则。麦当劳表示，它致力于降低运营复杂性。与此同时，2015 年 10 月，麦当劳推出了"我创我味来"——一款新的鸡肉三明治和全天早餐，并在 8000 家餐厅重新推出了限时版烤汁猪排堡。由于同时执行这些方案，造成了操作的复杂性。

品牌的创新或改良不一定只针对产品或服务，它可能是一个内部或外部的过程。在金宝汤，科南特做出的改变之一就是制定新机制重新整理杂货店货架上的汤。客户认为金宝汤当前（2002 年）的货架摆放比较混乱，很难找到要找的东西。[9]金宝汤的智能货架 Maximizer 是一种创新系统。[10]科南特创立的提升员工敬业度计划也是一项创新，但这次是内部创新。

地点

地点就是品牌的面子。到了 2009 年，地点不仅仅指一家商店、一家零售企业或一次贸易活动。尽管亚马逊（Amazon）、易趣、drugstore. com 和在线电子商务采购系统等服务扮演着重要的角色。今天，地点更加多元。由于商业性质不同，地点可能是网站、餐厅、办公室、等候室、宾馆房间、客户的办公室、展示厅、货架、货车甚至是卡车。我们曾经有一个客户，他们的"地点"实际上就是顾客的家庭住址，因为交易都是在那里发生的。

无论你的品牌门面在什么地方，它必须让品牌更有吸引力。品牌的门面必须修理完善，并紧跟时代发展的步伐。"很多问题只有在销售的时候才会出现"。无论在什么地方，发生了什么事情，零售环节都是重中之重，它是最强大、最直接和最可信的品牌信息。

Bonobos 是一个男装网站。最近，该品牌开设了零售实体商店，但它并不是用来进行真实的交易，不可以让顾客将商品带回家。该店允许顾客触摸自己想买的服装，并根据顾客的身材调整大小，但是客户仍然需要在线上订购。现在，我对网上零售体验很有信心，我相信这是正确的选择。

英迪格酒店用一种与众不同的方法进行选址：它的地点就是酒店所在的社区，因此每个酒店都反映了周边地区的特色，这是一种吸引需要有特色的"本地"住宿客人的方式。虽然英迪格酒店在奥尔巴尼。纽约的"社区"拥有一家机场、飞机机库，以及一家宠物旅游酒店，但酒店依然将纽约州的北部纳入社区。例如，它拥有一家很棒的餐厅，这家餐厅供应纽约州当地农民种植、养殖、捕捞和制作的食物。

美国运通"百夫长"为持卡人开设了极其豪华的航空休息室，兑现了为这一级别会员品牌体验所做的承诺，增强品牌威信，也增强了客户的信心，让他们相信自己的选择是正确的。如今，一张卡片就是一个地点。

道明银行是加拿大的"电子"贷款机构（银行），但它是实体银行的忠实信徒，只不过不是婴儿潮一代和他们的父辈时期的那种银行。其理念是"为客户提供以实体银行为中心的全渠道体验"。客户可以在家里用平板电脑开始贷款流程，在上班的火车上用手机继续编辑表格，然后在一家实体分行完成交易。道明也开设了无柜台分行，还设有硬币清点机，可将硬币兑换成钞票或存入您的帐户，还有类似自动点唱机的儿童智力问答机，如果你带了宠物狗，道明还会提供狗食饼干。[11]

几十年来，雅芳一直在努力推行将产品卖给家庭主妇的商业模式。当百货商店成为购买化妆品的唯一渠道时，这种模式就奏效了。然而，新兴的美容商店和在线网站改变了这一切。捕捉色彩的技术和时髦别致的美容网站改变了购买在线化妆品的方式。丝芙兰和必列斯既有零售店，也有在线网站。Drugstore. com 的 Beauty. com 和亚马逊网站也销售化妆品。（撰写本文时，据报道，迫于压力，雅芳正在磋商出售其北美业务。）

将品牌作为地点的概念并不新鲜，新鲜的是地点的选择。20 世纪 70 年代末和 80 年代初，米勒啤酒（Miller Beer）

将目光投向了它的兄弟公司万宝路（Marlboro），并与万宝路合作取得成功。万宝路的"角色"定义了万宝路的品牌个性和品牌体验。啤酒小组想出了一个主意：让我们来分析分析米勒啤酒的需求场合。于是，他们创造了"米勒时刻"——下班后与朋友在当地酒吧聚会、让紧张又充满压力的一天得到放松的特殊时刻。米勒啤酒选择一天中的一段时间，把它变成了一个只有米勒啤酒相伴的地方。

了解竞争对手有助于重新确立品牌形象。需要再次强调，细分市场也起到了一定作用。一旦品牌确定了"人物 x 原因 x 背景"，客户就能在这些指导方针下定义竞争对手。麦当劳倾向于把 Chipotle 这样的"快速休闲"餐厅作为对手，似乎"我创我味来"菜单就是专门用来对付竞争对手的。麦当劳的核心顾客会支付更多的钱并且等待 10 分钟才收到订单吗？这样一来，该品牌可能会输给汉堡王和温蒂汉堡等传统快餐汉堡竞争对手，以及当地超市（例如克罗格超市［Kroger's］）和流动餐车（food trucks）等平价方便食品的新对手，因为对手们可以快速配送优质食品。[12] 还有很多新的"更好的汉堡"品牌也让麦当劳担忧。

现在，品牌的地点很不固定，几年前想当然的事情现在都颠倒了过来。既然现在你家就能用作诊疗室，为什么还要去找医生呢？今天，你不仅能通过 Skype 软件让医生给你诊断、开药，而且现在有送急救或非急救医务人员到家的服务。你所要做的就是上网。像 PetSmart 这样的宠物店里面有医疗诊所，这样宠物主人就不用去别的地方看兽医了。他们也有美容设施：让你一站式购买宠物狗。再来看看智能手表，如果你可以在手腕上了解自己的整个身体状况时，为什么还需要请运动健身专家呢？这时，表盘就变成了一个地点。

丰田正致力于使旗下所有品牌进军网络世界，而不仅仅是千禧年一代的塞恩品牌。起初，塞恩品牌发展了网上购物体验，因为丰田相信塞恩的年轻买家可能更喜欢这种方式，而不是在陈列室里花费大量时间。然而，丰田现在正在为丰田品牌推出了一个类似的项目，因为千禧一代也会购买丰田车，不仅仅是塞恩，他们的孩子也都 30 岁左右了，有些还成立了家庭，这些顾客更成熟。网站现在变成了店面，有了这样的在线体验，买家可以避免在经销商处长时间等待。在美国的一些丰田汽车经销店，买一辆新车可能需要 5 个小时。如果网上购物和做决定能使购物时间减半，那么购物体验就可以得到改善。[13]

2002~2005 年，麦当劳的转型以地点为中心，重新设计了餐厅。它从重新设计与美国总部相邻的麦当劳开始，这是将餐厅愿景变为现实的典范。2015 年，这个问题似乎变得更加复杂。然而，做好市场细分，并充分理解真正的由客户定义的竞争环境很有启发性。让麦当劳餐厅的选址模仿 Chipotle 并不是解决问题的办法，这只能说明人们误解了 Chipotle 的魅力所在。正如我们在第一部分"招惹麻烦的十二种倾向"中所述，Chipotle 的魅力不仅仅是食物定制，还体现在做每件事都诚实守信。食物定制的速度很快，Chipotle 食物的生长、种植、收获和制作的每个环节都能体现诚信。这个品牌在乎自己的员工，它关心环境、动物和社区。每个人，尤其是千禧一代，都想和比他们自身更重要的食物产生联系。事实上，Chipotle 针对大肠杆菌事件的行为强化了"诚信食品"的品牌承诺。其实，只有 11 家餐厅存在细菌问题，但作为一项预防措施，Chipotle 关闭了太平洋西北部的所有餐厅，共计 43 家，以保证所有 Chipotle 顾客的安全。正如史蒂夫·埃尔斯（Steve Ells）在《纽约时报》上刊登的有关 Chipotle 的新闻中所说，"为谨慎期间，我们立即关闭了市场上的 43 家 Chipotle 餐厅。"[14]

2015 年，Radio Shack（无线电器材公司）申请破产后，新东家请求法官批准 Radio Shack 公司的新版本，这个品牌曾经生产家用电子产品。由于没有找到与其不断发展的客户行为、需求、问题和态度相关的定位，它失败了好几次。新东家正考虑在公司内部设立各不相同的 Radio Shack 商店，这类似于百货公司。[15]百货公司类型的实体店呈下降趋势，因此，Radio Shack 的地点选择是否有意义，还有待观察。

价格

价格是消费者价值等式中的一个重要部分。价格不仅告诉顾客要花多少钱，而且是感知质量的标志。社会学家、社会心理学家以及经济学家告诉我们，顾客对产品或服务的感知质量受价格的影响，因此，定价需要政策引导。如同商标需要有知识产权政策保护一样，定价必须依据明确的、一致的战略性政策。

许多品牌都以价格或价格可承受性作为其品牌承诺的一部分。当今世界，H&M 和 Zara 以快速、时尚、年轻、价格实惠而闻名。宜家提供家具、浴室设备、厨房布局、灯具和其他家用配件，价格实惠，你只需自己组装即可。

塔吉特百货（Target）通过巧妙地平衡平价与高档商品的价格而声名鹊起。事实上，由于它只关注价格，再加上简单、缺乏创意的设计，一度陷入困境。有趣的是，"低价格+低利息"项目等式实际上将塔吉特定位为品牌指数上的低价值品牌。[16]

山姆·沃尔顿建立了零售业帝国，满足了美国小镇人民的日常购物需求。如今，沃尔玛正在蓬勃发展，其目标群体是年收入低于 45000 美元的个人。与之同名的山姆俱乐部则渴望向更多的高端客户提供价格更高、质量更好的商品。山姆俱乐部的首席执行官对媒体说："我们不想成为另一个沃尔玛。"[17]

雷·克罗克使外出就餐变得大众化。他想开一家人们消费得起的餐厅，让更多的人可以更经常在外面吃饭。突出的有效性和经济性是麦当劳成功的关键因素。最初，麦当劳的标志上写着"15 美分的汉堡包"。1975 年底，雷·克罗克在一份内部评论中说，"我一直说，麦当劳不会一直以 15 美分出售一个汉堡，但是我坚持这样一个信念，那就是：定价与人们的收入相比，应该始终保持最初 15 美分时候的比例。"[18]

吉姆·坎塔卢波和查理·贝尔领导的团队都信守了雷·克罗克的承诺。对克罗克的可承受价格做出的最大改变之一就是三级定价策略。菜单上有 1 美元的选项，还有其他买得起的 LTOs（限时优惠）和超值餐。也有一些价格低廉的核心产品，但不会打折。还有一些高价商品，但数量有限。2005 年之后，发生了一些变化：高价商品数量增加。实际上，品牌盈利能力的提升是通过价格更高的产品实现的，而不是因为客户购买频率增加。客户数量实际上下降了。

不幸的是，酒店业开始采用与航空公司相同的定价策略——大多数顾客几乎立刻就会明白这种策略。例如，航空公司对托运行李收费。但是当你走到登机口时会被告知"今天的行李架已经放满了，我们正在寻找愿意免费托运行李的乘客，这是免费服务。"精明的旅客会直接到柜台免费托运行李。酒店度假村对健身房、海滩和泳池等服务场所收取场地费和毛巾费。聪明的客人知道，早餐应该是免费的，但酒店会收取 5 美元的早餐费用。租车公司宣布降价时，也会使用价格策略来提高收入。事实上，一些汽车租赁公司已经引起了政府和州政府的不满，因为他们向 EZ 通行、Sun 通行或任何州的电子收费系统收取 40 美元的费用。租车的顾客发现，尽管他们的车里或车牌号上已经安装了这些设备，但还是要支付通行费和使用设备的费用。

有一段时间，星巴克提高了价格。这一举动引起媒体关注的原因是咖啡豆价格下跌了。《纽约时报》上一篇关于星巴克的文章说，"我密切关注金融市场。既然咖啡越来越便宜，我为什么要在星巴克花更多的钱呢？"星巴克的一位发言人说，星巴克的目标是"平衡经营利润，同时继续为忠诚的顾客提供价值，并吸引新顾客。"顾客对此没有做出反应。但是，正如作者总结的那样，"星巴克认为，顾客会认识到新价格的合理性，如果你认为过去的价格合理，或许新价格也是合理的。"[19]

促销

任何行为都能起到宣传作用。促销不仅是有策略的广告计划。促销就是要创造一整套方法来推广品牌。现在，广告分为横幅广告、本土广告、移动广告、网站广告以及网络电视、有线电视、卫星电视、在线电视、多媒体广播和户外广告。在纽约时代广场，数字户外广告的数量远远超过了男士吐出的烟圈。一个数字户外广告可以将你导向一家正在出售特价商品的商店，或者下载街对面商场里美食广场的优惠券。

遗憾的是，在市场营销中，促销的意义变得狭窄了。与

"价值等于低价"一样，促销时，营销人员就是自己最大的敌人。它经常被理解成用来即时提高客流量的短期策略。促销已经变成了打折活动，这是一种错误的认识。本商品"这周末打八折"；本商品"买一送一"。这些策略就是要促使消费者即时购买，但促销的真正意义要更加宽泛。所有品牌促销的目的都应该是令品牌达到一个新的高度，使品牌在消费者心中占据更高的位置。

促销的原始定义并不像现在这样不完整。"促"就是要提升到一个新的高度，达到更高的水平。所有品牌促销的目的都应该是令品牌达到一个新的高度，使品牌在消费者心中占据更高的位置。根据韦氏词典的解释，"促"是指"推动增长和发展的行为"。所以，当销售人员讨论广告和促销的平衡问题时，他们提出的只是一个伪命题而已。从推动品牌增长的角度来说，所有的市场宣传都应该对品牌有促销作用。

制胜计划中的促销，不是指那些分散的、短期的、不连贯的月促销行为。促销包括任何关于品牌的市场宣传，它可能是游戏、赠品、广告，也可能是公司宣传册。全部品牌宣传行动都应该围绕一个连贯的主题，以统一的声音把品牌提升到一个新的高度，促进品牌效益增长。

促销的对立面是降格。遗憾的是，如今很多促销都不是品牌推广。它们实质上是变相的品牌降格。这些行为增加了销售收入，但却以损害品牌声誉为代价，有碍品牌的长期健康发展。过分依赖短期的、不一致的宣传信息，会使品牌走向衰落。品牌降格无法使品牌上升到一个新的高度，反而会促使品牌降价，让顾客感到困惑，阻碍品牌建设。我们今天降格自己的品牌，明天却期待这个品牌有上好的表现。散乱的促销信息会加速品牌的衰落。我们需要宣传的是"品牌好，价格低"，而不是一味的"价格低"。在经济衰退期间，（麦当劳和媒体）不断将麦当劳描述为廉价食品，这是对品牌极大的降格。

汽车行业擅长品牌降格，依靠定期的大规模激励措施来销售汽车。客户知道，这些激励措施是建立在所谓的"正常"价格上的。我们与尼桑合作时，卡洛斯·戈恩曾公开表示，尼桑比丰田的感知价值要高出 1000 多美元。日产汽车的经销商必须将尼桑汽车的价格降低 1000 美元，才能让客户认为尼桑汽车的价值与丰田汽车相当。我们已经评论过航空公司的业务，它对座位降价的程度使人误以为这是溢价的结果。然而，为了盈利，承运人会针对其他项目和服务收取额外费用。酒店业似乎也在效仿。

任何完整、快速的品牌转型都要确保营销宣传行动可以将品牌提升到一个令顾客满意的高度。无论采用何种媒体渠道、创意方法、手段或技术，宣传策略都应取消对降价的过分强调，取而代之的是连贯的、一致的、浑然一体的品牌信息。这并不意味着品牌不能传达价格低这样的信息，它应该告诉客户"这个品牌物美价廉"，而不是"这个品牌的东西都很廉价"。

品牌新闻学[20]

2004 年 6 月正值麦当劳转型的高峰期，我们在《广告时代》(*Advertisig Age*) 主办的一次会议上解释了品牌新闻的新概念。品牌新闻是麦当劳的一种新型营销方式，也成为了麦当劳转型计划的一部分。如今，品牌新闻甚至比 10 年前的相关度更高。

什么是品牌新闻学？

品牌新闻学采用多维、多层次的方式创建品牌故事，涉及品牌的多个方面；它会让你了解这个品牌，知道它意味着什么。深层次品牌新闻学的基本概念是，品牌不仅仅是一个简单的词，它是一个复杂的、多维度的概念，包括区别特征、功能和情感利益，以及鲜明的品牌特征。在这个充满应用程序、数字化移动营销的世界中，单靠一种沟通方式无法将标准化的品牌信息传递给有特定需求的受众。

有了品牌新闻学，营销人员就可以解决这样一个问题：品牌意义对于生活在不同地区、在不同的场合下的受众有所差别。在美国，假日酒店满足了顾客与家人一起度假的不同需求，也能满足顾客的商务旅行需求。在欧洲，必胜客是一种意大利美食，大家可以坐下来慢慢享用；在美国，必胜客主要提供外卖披萨；但在中国，必胜客可以营造出充满活力的氛围，菜单上有近 200 种不同的菜品。

大品牌，尤其是行业巨头，如可口可乐、麦当劳、凯洛格、通用电气、三星、索尼、惠普、万豪、IBM、Visa、宝马，它们在不同的场合对消费者的意义不同：比如在家、远离家乡、早上、下午、晚上、早餐、午餐、晚餐、零食、深夜、工作日、周末、和孩子在一起、出差、乘船、家庭聚会、学校聚会。麦当劳就是一个很好的例子。它既方便又便宜，又充满乐趣，是父母和孩子周六吃午餐的好去处；麦当劳还可以为出差人员提供方便，他们登机前可以在这里度过难熬的等待时间。对于年轻人来说，麦当劳满足了他们吃夜宵的需求。地理位置对麦当劳提供的服务也有影响，在旧金山远郊的麦当劳体验与巴黎香榭丽舍大街的体验截然不同。然而，它们都是麦当劳。

2009 年 12 月，《广告时代》将品牌新闻学列为过去 10 年最重要的十大创意之一。"这可以说是对当今市场营销最现实的描述了，也许是有史以来最现实的。"作者马修·克里默说："……在这个顾客能随时得到反馈的时代，更多的市场营销人员和机构应该重新审视（品牌新闻学）……"[21]

近年来，随着富有创意、及时反馈和共同创造的媒体类型以及渠道的激增，品牌新闻已经成为与客户沟通和接收客户反馈的常规沟通方式。品牌新闻的热度甚至已经渗透到学术界（例如，詹妮弗·D. 格里尔，詹姆斯·T. 科尔《受众对品牌新闻的反应：框架、来源和参与的影响》，新闻与大众传播季刊，2013 年 12 月）。品牌新闻不仅仅涉及医疗服务营销领域，而且是 B2B 企业营销的一部分，比如思科和雷神。"威瑞森有一个拥有 75 名编辑、作家和摄像师的移动网站，通过设计特色内容来推广威瑞森的生活方式。能量饮料红牛（Red Bull）有一个网站和一本名为《红色公报》（*Red Bulletin*）的印刷杂志，它以精彩的摄影和极限运动故事为特色，符合品牌前卫、年轻的定位。"[22]

我们将其命名为品牌新闻的原因是，品牌传播应该模仿杂志、报纸和期刊背后的理念。不管什么品牌，杂志、期刊、报纸、博客……品牌的方向确定了品牌的个性，不同的品牌个性又使不同的杂志有所区别。每本杂志自己提供连贯的、统一的品牌体验。然而，每本杂志都覆盖多种话题，以满足不同人群的兴趣。编辑们不指望每个读者都从头到尾地阅读每一篇文章。不同的人有不同的兴趣，他们阅读不同的文章。而且，人们随着年龄的变化，兴趣也会发生变化，阅读的文章也会变化。只有少数人才有兴趣把每一期的每一篇文章都读完。

几年前，我们在《广告时代》杂志上这样说：

"在过去的 10 年里，品牌新闻已经发展为通过新的设备来处理和适应新的、优越的形式。2012 年 10 月，刘易斯·德沃金在《福布斯》（*Forbes*）杂志上评论道：欢迎来到品牌新闻的新兴世界——营销人员利用数字出版和社交媒体工具直接与消费者对话。广告业通常将其称为内容营销，即聘请新闻专业人士撰写文章，直接传播领导阶层的思想。这是当今传媒业最不为人知的话题之一，最终注定要撼动存在了100年的新闻业。"

"品牌新闻学的概念不仅动摇了传统的品牌管理观，也动摇了传统的新闻观。品牌新闻学正在利用新闻技巧创造内容：它重新定义了什么是新闻，以及它应该如何代表品牌进行传播。"

"品牌新闻学将品牌管理和新闻叙事结合在一起。它同时需要这两种技能，并将它们融合到一个充满活力的交流平台中。在充满变化的营销环境中，营销人员需要持续创造有趣的内容来吸引消费者，而不是依靠老式的、简单的、重复的信息推送。"

"品牌新闻抓住并触及了那些有特定需求的消费者的利益。品牌新闻学可能是营销工具箱中最有价值的工具，营销人员有机会与消费者建立终身联系，让他们参与到品牌的新闻故事中来。新时代，品牌新闻将成为市场营销越来越重要的一部分。"[23]

注释

〔1〕Go to Pearsonlloyd.com.

〔2〕See Light, Larry, and Joan Kiddon, *New Brand Leadership*.

〔3〕Nassauer, Sarah, "Sam's Club Aims to Be Less Like

Wal-Mart,"*The Wall Street Journal*,August 17,2015.

〔4〕 Galagan,Pat,and Tony Bingham,"M'm,M'm Good,"*T &D Magazine*,March 2011.

〔5〕 Jargon,Julie,"Mc Donald's:Survey-Franchisees Sour on Company,"*The Wall Street Journal*,July 17,2015.

〔6〕 Jargon,Julie,"Fast Food Turnaround: Popeye's Louisi-ana Kitchen CEO Cheryl Bachelder Talks About Her Secret for Repairing Relationships with Angry Franchisees,"*The Wall Street Journal*,March 10,2014.

〔7〕 Koffer,Jacob,"Lego Wants to Replace Plastic Blocks with Sustainable Materials,"*Time. com/ 3931946/lego-sustainable-materi-als/*.

〔8〕 Vlahos,James,"Barbie Wants to Get to Know Your Child,"*The New York Times Magazine*,September 16,2015.

〔9〕 Johnson,Linda A.,"Slower Soup Sales,Special Charge Cut Campbell Net Income 6 Percent,"*API*, November 13,2002.

〔10〕 *FD (Fair Disclosure) Wire*, Campbell Soup at Consumer Analyst Group of New York,2005 Conference-Final, February 23,2005.

〔11〕 McLannahan,Ben,TD Bucks Industry Trend and Sus-tains Belief in the Branch:Toronto-Based Lender Has More Outlets in New York City Than Bank of America, *Financial Times*,August 17,2015

〔12〕 Maze, Jonathan, "Mc Donald's Isn't Just Losing Business to Restaurants," *Nation's Restaurant News*, July 24, 2015.

〔13〕 Undercoffler, David, "Toyota to Embrace Online Car Shopping: Taking a Cue from Scion Program, *Crain Automotive News*, August 17, 2015.

〔14〕 Chipotle, "A Message from Chipotle Founder Steve Ells, *The New York Times*, November 13, 2015.

〔15〕 Tabuchi, Hiroko, "RadioShack's Blueprint for a Rebirth," *The New York Times*, April 6, 2015.

〔16〕 Wahba, Phil, "Back on Target? *fortune.com*.

〔17〕 Nassauer, Sarah, "Sam's Club Aims to Be Less Like Wal-Mart," *The Wall Street Journal*, August 17, 2015.

〔18〕 Kroc, Ray, Internal Review, December 12, 1975.

〔19〕 Sommer, Jeff, "Cheap Coffee and the Starbucks Premium: Why Starbucks Raised Prices on Some Brewed Coffee Even as the Price of Beans Fell Globally," *The New York Times*, August 16, 2015.

〔20〕 Please see various references to Brand Journalism in *Six Rules for Brand Revitalization*, and *New Brand Leadership*, Light and Kiddon; also see Light, *Journal of Brand Strategy*, 2014.

〔21〕 Creamer, Matthew, "The Book of Tens," *Advertising Age*, Crain Publishing, December 14, 2009.

〔22〕 Light, Larry, "Brand Journalism," *Advertising Age*, July 2014.

〔23〕 Ibid, Light, *Advertising Age*.

法则 4：
加强面向结果的企业文化

创造一种面向结果的企业文化，就是要以产出可衡量的结果为基础进行评估。这意味着，定义可衡量的阶段性成果和奖励员工都要以业绩表现为指标。通过创建平衡的品牌管理计分卡，跟踪员工的工作进展。

管理层管理、认可和奖励什么，员工们就会做什么。我们需要创建一个"平衡的品牌管理计分卡"，来衡量我们是否以正确的方式产出了正确的结果。当然，这是戈登·贝休恩在大陆航空公司的工作重点，也是麦当劳在转型期间的工作。人力资源经理、人力团队负责人里奇·弗洛斯克重新设计了管理评估系统，将业绩与薪水和奖励挂钩。当我们在洲际酒店集团工作时发现，那里的高层管理人员（包括首席执行官）的薪酬体系与品牌经营绩效挂钩。

不是所有的增长都有同样的价值

增长有价值高低之分。低价值增长实际上有负面作用，即便此时利润是在增长的。所以，仅仅取得增长是不够的。我们必须要取得有质量的增长。创造品牌价值是高质量收入增长的基础。高质量的收入增长又是利润持续性增长的基础。而利润持续性增长是我们创造股东价值持续增长的方法。"平衡的品牌管理计分卡"可以衡量我们的工作效果。

值得信赖的品牌价值

新的价值等式——值得信赖的品牌价值，是计分卡中品牌与企业之间的关键环节之一。为了创造值得信赖的品牌价值，营销人员必须转变思维，将产品管理转变为品牌管理，从供应驱动型管理转变为客户驱动型管理，从思考"我们怎样才能做得更便宜？"到"我们怎样才能做得更好？"

一方面，值得信赖的品牌价值是站在品牌的角度上说的。当品牌的表现超出顾客的期望时，品牌价值就会增加。另一方面，值得信赖的品牌价值会带来高质量的收入增长，可以在品牌和公司的信托银行积累信托资本。值得信赖的品牌价值是品牌与企业之间的桥梁。

我们说过，企业资本有三种形式：金融资本、智力资本和人力资本。其实，还有第四种形式的企业资本：信托资本。信托资本是客户对企业向利益相关者交付有价值的承诺时表现出的权威、信誉、诚信、领导力和责任的信心。信托资本为企业创造价值，但它源于顾客感知的品牌评估，这种评估基于付出成本所获得的收益。

创造面向结果的企业文化有三个基于法则的实践方法：

1. 定义可衡量的阶段性成果

2. 实施认可与奖励

3. 创建平衡的品牌管理计分卡

定义可衡量的阶段性成果

创建面向结果的企业文化的第一步是要定义可衡量的阶段性成果。

◈ 我们什么时候该做什么？

◈ 什么程度的进展是可以接受的？

◈ 什么程度的进步才是最好的？

创造价值的努力始于策略，终于经营结果。我们必须衡量销售额和利润，以及监控品牌声誉的变化。要做市场领袖，你需要销售规模；要做盈利的市场领袖，你需要品牌忠实度。

当然，首要的还是效率。即要通过消除浪费来降低成本，利用有限的资源提高生产率，而且要优化资源配置。这和财务约束以及优化运营密切相关。曾经有一个客户将这种方法称为抬高桥梁法或降低水位法。不管怎样,最终结果都将是利润率的提高。

提高生产效率本身不是获得持久繁荣的真正策略。要获得持久繁荣,唯一的途径是获得持久的竞争优势,从而实现销售额和利润率的增长。

衡量进展是有意义的、可操作的品牌制胜计划的必要组成部分。达到可衡量的阶段性目标没有选项可供参考。你需要知道自己的目标是什么,以及在实现目标的过程中是否取得了有意义的进展。

实施认可和奖励

管理者管理措施、实施认可和奖励。领导阶层需要制定衡量进步的方法,不能仅以产生正确的结果为衡量进步的依据。更重要的是,要以正确的方式,正确的理由,产生正确的结果。"制胜计划"绩效评估确保正确的结果是基于正确行动的结果。产生正确的经营结果很重要,但同样重要的是,这些结果要建立在强大的品牌基础之上。

2002 年,麦当劳还没有一个注重企业结果的文化。品牌形象下降,同店销售额下降,利润下降,股价下跌。然而,高管薪酬与企业业绩之间几乎没有任何关联。尽管麦当劳的经营业绩不断恶化,但高层管理人员的薪酬仍在不断增加。企业结果恶化,回报却在上升,这毫无道理。管理层的奖励必须与品牌、企业目标和股东利益相一致。

在许多公司，当品牌处于低迷期时，公司仍会发放少量奖励，这种与公司业绩不同步的行为是受销售驱动或制造商驱动的影响。产量才是重点：把那些产品推出工厂大门，不顾一切地让人们购买，第四季度前卖完；开设新店铺，通过打折增加销量。除非领导修正了品牌只是"广告材料"或"形象材料"的观点（这种观点认为可以通过新的字体和标识来增强品牌实力），否则奖励将继续朝着降低品牌价值的方向进行。

认可并不等同于金钱奖励。认可是在团队、组织、整个品牌或公司面前以可见的、公开的形式，赞扬和称赞员工的表现。的确，金钱奖励也是一种回报。但对表现良好者来说，认可更有价值。

百胜餐饮是最受欢迎的餐饮品牌之一。它的前首席执行官大卫·诺瓦克（David Novak）精于通过广泛、协作的认可体系，来支持员工的工作。每次有人获得认可时，公司都会为其拍照留念，也能得到大卫和整个团队的表扬。大卫·诺瓦克会把这些照片挂在办公室的墙上，天花板上，走廊上，办公室周围。管理线上上下下的领导团队的成员都有一个特别的绩效奖。所有荣誉者的照片都会被挂在办公室的走廊上。永远不要低估认可和赞扬的力量。我们看到过一些成年人，得到领导的认可时会感动到流泪，哪怕是打扫餐厅周围环境的小事，也能获得"清洁之王"的荣誉称号。

创建平衡的品牌管理计分卡

从最初的六大法则手册开始，品牌管理计分卡的构成经历了几次修订。本节将讨论这些修订后的要素。然而，即使进行了修改，计分卡背后的基本思想却没变。创建平衡的品牌管理计分卡是有章法的品牌管理过程的重要组成部分。它是一张综合报告卡，其中的度量标准可以衡量企业以及品牌的优势和劣势。

品牌管理计分卡有三个关键的经营业绩指标和八个关键的品牌业绩组成部分。以下是品牌业绩衡量指标：

◈ 更大——熟悉度，渗透率

◈ 更好——品牌声誉，整体满意度

◈ 更强——品牌忠诚度，品牌忠实度阶梯，值得信赖的品牌价值、信任、品牌力

更大

为了显示品牌在做大方面取得的进展，品牌管理计分卡从熟悉度和渗透率两个方面对品牌进行跟踪。即这个品牌在某件特别的事情上有多出名，以及这个品牌在建立客户群方面有多成功。

熟悉度

熟悉与知道不同。知道是关于是或不是的问题。你知道

吗？"当然，我听说过他，但我对他没有什么看法。"仅仅知道，就像是一个开关：要么开，要么关。知道没有程度之分，它是二元对立的。不幸的是，许多研究人员和市场营销人员将知道和熟悉混为一谈，这是错误的。熟悉不仅仅是知道。向知道但不熟悉的受访者询问意见，会得到不可靠、无价值的答案，既浪费时间、又浪费金钱和精力。熟悉度不是一个绝对的标准，它是用程度来衡量的，从非常熟悉到完全不熟悉，可以划分为不同的等级。

渗透率

吸引新客户是很重要的。渗透率指的是吸引更多的顾客，顾客基数的增长很重要。品牌忠实度指的是顾客光顾得更为频繁，这样可以树立他们对该品牌的偏好，降低价格敏感度。这两点对于任何一个品牌都非常重要，也是制胜计划的目标底线之一。不停地吸引新顾客对于品牌来说是一件不容易的事。但是，在顾客基数减少的情况下建立品牌忠实度是非常危险的管理方法。

吸引更多的顾客和创造更高的品牌忠实度，哪个对于我们品牌最重要？这个讨论已经持续了几十年。这两项指标对任何品牌都至关重要。最基本的目标是将更多的顾客、更频繁的光顾、更高的品牌忠实度和更高的利润有机结合起来。当品牌摆脱了"或"的限制，并将"和"最大化时，它就赢了。当一个品牌陷入困境时，渗透率和品牌忠实度都会受到影响。我们 2002 年刚到麦当劳的时候，平均每家餐厅的顾客基数在降低。如果这种趋势继续下去的话，最后一名顾客必须每天光顾麦当劳 500 万次，才能勉强维持麦当劳现在的规模！

在顾客基数降低的同时提升品牌忠实度是可以实现的。但是，在少量的顾客中提升品牌忠实度是非常危险的管理方法。捷豹在顾客流失的时候深切体会到了这一点。20 世纪 90 年代初，当捷豹濒临灭绝时，《华尔街日报》在其营销版的头版报道称，他们采访的大多数捷豹车主都很忠实于这个品牌，于是他们买了两辆。为什么？因为另一辆捷豹车总是在维修。捷豹的忠诚度得分非常高，但是忠实粉丝只是很少的一群人，他们从未放弃过这个品牌。

如今，人们确信麦当劳又回到了顾客流失、难以吸引新顾客的境地。忽视核心产品，缺乏品牌战略和相关的差异化承诺，以及它所面临的其他麻烦，正让企业的主要顾客流向别处。这种情况下，麦当劳并没有吸引到新的潜在客户。今天面临的挑战似乎与 2002 年的情况非常相似，当时，大多数最经常光顾麦当劳的顾客对麦当劳品牌并不忠诚，对麦当劳贡献最大的顾客对该品牌其实并没有什么好感。提高品牌忠诚度不仅仅是增加顾客的重复购买率，而是要增加顾客在获得品牌承诺的基础上的重复购买率。这意味着，顾客认为某个特定的品牌是满足他或她在特定环境下的特殊需求的最佳选择。也意味着你的品牌是他或她最喜欢的——他首选的、会再次购买的、且会主动推荐给别人的品牌。

给品牌带来持续性挑战的是不停地吸引新的顾客，而且创造优质的体验，以保证这些顾客会再次光顾而且成为忠实客户。这意味着要在顾客和品牌之间建立并且加强持续互惠的联系。只注重吸引新顾客是不能成功打造一个品牌的。吸引不会光顾第二次的新顾客是一件费力不讨好的事。然而，如果基数不断减少，就算顾客回头也同样危险。

经营品牌的基本目标是增加顾客回购率，提升品牌忠诚度，提高盈利能力。

更好

品牌做大也十分重要。但是，仅仅为了规模而制造规模是对资源的浪费。品牌经营的目标是做得更好，而不仅仅是做得更大，要通过做好来做大品牌。品牌领导者需要在品牌被感知的方式上做出持续改进。我们是否让顾客感知到了我们想让他们感知的东西？客户满意吗？还有哪些问题需要解决？

品牌声誉

品牌是否实现了其承诺？该品牌是否违背了与客户达成的共识？一个相关的、差异化的品牌承诺是多维度的。要真正理解品牌的相关差异，并设计专门的指标来反映这些维度，这非常重要。为你的品牌设计品牌承诺指标需要真正理解你的品牌主张和个性元素是什么，然后定制相关的、差异化的属性。也就是说，你要创建可衡量的品牌属性列表，以便对你的品牌进行最佳、最清晰的评估。那些综合性的、标准化的研究，尽管向你承诺使用他们的标准化列表可以省钱，到头来充其量也只能是对品牌的片面描述而已。避免使用诸如"味道好""物有所值、现代化"或"方便"之类的概括性的词汇。靠这些词汇怎么能够彰显你品牌的独特之处呢？大多数情况下，这些词只是用来描述类别，或者"场地费"而已。

例如，橄榄园在各种媒体上刊登大量广告。仔细观察和倾听这些广告传递出的信息后发现，他们通过在菜单中加入意大利特色食品，实际上是在出售意大利式的热情好客。橄榄园希望自己可以为顾客带来乐趣、积极、友好、充满团结协作的氛围。如果餐厅是一个人，我们推测其品牌个性将是慷慨、热情、诱人、不拘礼节、友好、意气相投，并致力于为顾客提供良好、欢乐的饮食体验。因此，使用诸如"高质量""味道好""买得起"这样的通用、标准的词汇来评判品牌承诺显得很不明智，这些词汇如何能帮助你管理品牌进展，实现品牌承诺。要像橄榄园"在休闲，欢乐的环境下享用慷慨大方，家庭风格的意大利式饭菜"。

整体满意度

在很多事情上，品牌和企业都依赖于整体满意度评分，包括高管奖金和员工绩效评估。大多数企业在追踪访问后面都会附加满意度测试，网站上的客户也会使用满意度评分。

顾客越老练，消息越灵通，我们就越容易发现，要获得他们的满意度并非难事，但是只有满意度还不够。例如，在美尔顿之前，汽车行业中每辆车的质量都参差不齐，差异明显。但随着所有品牌质量的普遍提高，新车车主就不太容易发现质量差异。20 世纪 90 年代，许多汽车品牌在整体质量上几乎没有显著的差异。

说到顾客满意度，品牌间的竞争标准就提高了，因为顾客期望值提高了。然而，许多营销人员的目标是可接受的满意度水平。他们的目标是足够好，而不是"完美"。的确，完美可能永远不会实现，但为什么要追求次一级的目标呢？然而，对于一些客户，80% 的满意度能够说明他们很满意，90% 的客户满意度可以证明他们非常满意。结果是，企业感到非常满意，因为每天只有 10%～20% 的顾客不满意。表现得比平均水平好是不够的。企业应该提高标准。无论使用什么标准，都要追求最高的满意度。平均分数只能导致平均表现。平庸是失败者的专利，卓越是成功者的专利。我们要制定高目标，追求完美。

满意是相对的。相对满意度指的是与竞争对手相比的满意度。我们的一个客户在满意度问题上没有衡量品牌与竞争对手的关系。问题是，虽然客户看到他的品牌满意度提高了，但是在现实世界中，竞争却明显加剧。不仅要衡量品牌客户的满意度，而且要在所有竞争对手的客户之间衡量满意度。

更强

树立品牌威信可以打造品牌价值，帮助品牌抵御竞争压力。

品牌忠实度

描述这些指标之前，让我们提醒自己为什么品牌忠实度如此重要。销售规模很重要，而为了实现利润的持续性增长，我们不仅必须提高销售质量，而且必须创造同时实现上述两个目标的文化。并且，正如我们将在"法则6：实现全球联盟"中讨论的那样，当务之急是围绕这两个目标调整企业文化：提升销售数量，提高销售质量。也就是说，要从思想上消除"销售额重于一切"的文化，要建立以品牌忠实度带动销售的观念。品牌忠实度决定了销售的质量。建立高质量的收入增长，需要依靠值得信赖的品牌价值。因为没有品牌价值就没有股东价值，所以品牌忠实度成为获得持久的利润增长的重要因素。企业必须显示品牌数量（销售额）和品牌价值（忠实度）指标。

这个概念说起来容易，做起来难。为重塑品牌，凯迪拉克正专注于生产传统美国豪华车。凯迪拉克全球首席执行官约翰·德·尼森（Johan de Nysschen）明白这项任务的重要性。他能否在帮助凯迪拉克经销商群体实现短期销售的同时，实现长期增长？德尼森明白需要谨慎行事。在一次采访中，他说，"现在，我们必须把打造形象放在发展销售业务之前。"[1]我们的观点是，短期目标和长期目标必须同时实施。发展销售业务使品牌在顾客和潜在顾客的心目中保持活力。当然，还有加盟商。但消费者希望他们能有一个值得长期信赖的品牌。作为品牌建设战略的一部分，德尼森提高了受欢迎车型的价格，并降低了激励措施。把销售质量提高了一半，德尼森先生功不可没。一般情况正好与之相反。一般情况下，企业总是以牺牲品牌为代价增加销量。

以下是《克雷恩汽车新闻》（*Crain's Automotive News*）中 True-Car（美国汽车交易平台）副总裁所做的行业分析："激励措施的使用频率显著下降……凯迪拉克需要保持自律。不过，在交易价格上涨的同时，销售量却在萎缩。这也产生了一系列的问题，比如市场份额的损失和供应商销售数量目标的中断。另一种选择是降低价格以保护市场份额，并通过向潜在买家提供正确的价值等式来扩大市场份额。在市场上的汽车数量越多，传播品牌重塑福音的力度就越大。"[2]

日产采取了略微不同的方法。尽管在定价和激励措施方面做出了严格的规定，但将更多质量较差、体验不佳的汽车开进客户的车库，然后开着上路，是万万不可的。然而，改变客户对日产的看法至关重要。为了帮助客户看到日产正在回归传统性能，它重新设计了日产（原来的 Datsun）280Z，并且在美国，每个经销商只能销售二三辆车。280Z 的震动性能令人震惊。它还向日产的客户保证，他们所做的性能更好、更具吸引力的品牌承诺是真实的。

品牌忠实度阶梯

品牌忠实度就像一个阶梯：人们对一个品牌的热衷程度不同，从最低到最高，逐级走向更高的品牌忠实度。它反映了相对于竞争品牌，消费者对该品牌的承诺力度更大。将客户等级从考虑购买者提升到忠实的购买者，会对品牌的收入和盈利能力产生重大影响。

考虑购买者是那些认为所有品牌都一样的顾客。客户实际上对它们漠不关心，买这些品牌中的任何一个都可以。因此，价格和方便性才是区别它们的关键。愿意考虑"不等于"顾客会把这个品牌放在自己喜欢的品牌的"短名单"上，"愿意考虑是一回事，品牌一旦被顾客纳入青睐商品名单便具有明显的竞争优势"。

"短名单"是指消费者最为青睐的为数不多的，通常是前三甲的品牌。

优先考虑是指在短名单上的三个品牌中，顾客会优先考虑他们喜欢的那一个。优先考虑比顾客满意度更有分量。例如，顾客可以对特定品牌的洗涤剂感到满意。然而，他们也

可能对二三个替代品牌感到满意，所以他们会买打折的牌
子。满意是必要的，但还远远不够。我们要打造的是顾客优
先考虑的品牌。

我们的最终目标是让顾客从优先考虑转为忠实于品牌。
忠实不等于频率。太多所谓的忠实计划都只注重增加顾客购
买频率，但并没有建立真正的品牌忠实度。他们通过贿赂顾
客来增加购买频率。他们建立的是降价忠实度，而不是真正
的品牌忠实度。真正的品牌忠诚度建立在顾客承诺的基础
上，他们认定这个品牌是最有价值的品牌。

真正的品牌忠诚是品牌喜好阶梯中的最高级。处于这一
档的品牌会受到顾客的极度青睐，即使他们选择第二项的成
本会低一些。想象一下，如果顾客选择第二项比优先考虑的
品牌便宜 10%。根据我们的度量标准，忠实的顾客仍然会选
择优先考虑的品牌。最终的品牌目标是增加真正的品牌忠实
者的数量。

值得信赖的品牌价值

营销人员经常把价值等同于低价，这令人遗憾。正如我
们之前指出的，价值远不止是一个价格点。品牌价值决策需
要战略性。顾客感知的公平价值是多少？我们的营销工作如
何影响顾客感知价值？价格敏感度是增加还是减少？

世界不会停滞不前。品牌可能还在延用在过去证明是可
行的报价。但今天，与竞争对手相比，同样的价格就显得太

高。因此，品牌便无法维持今天的价格，即使在过去，它被认为是公平、合理的。这是为什么？是营销导致的吗？是质量观念的改变吗？还是因为竞争环境的演变？在这个竞争日益激烈的世界，过分强调价格激励可能会严重损害品牌忠实度和品牌价值。或者，替代产品不断的成熟提高了客户的期望，而你的品牌却停滞不前。正如我们在本书中所说的，建立值得信赖的品牌价值对于增加利润的持续性增长至关重要。

信任

信任仍然是市场营销中的一个关键问题，它是值得信赖的品牌价值等式的重要组成部分。品牌信任影响着与客户打交道的方方面面。人们是否信任你的品牌，并将其视为值得信赖的信息资源？他们相信你的品牌主张，相信你以正确的方式做正确的事情吗？他们相信你所说的社会责任吗？所以，你必须衡量你的品牌信任度。

信任是一个多维概念，它支撑并推动着人际关系。信任并非易事。几十年来我们对信任的多项研究表明，信任不能简单地通过提问得到，比如"这是一个值得信赖的品牌吗？"虽然我们的每一项研究都包含不同方面的信任，但关键在于使顾客识别出与品牌相关的值得信赖的"属性"。最好能通过多种途径建立信任关系。

例如，以下条目都只提供了信任的一个方面，单独使用某一项条目不能用来衡量可信度：

- 这个品牌总是符合我的期望。
- 这个品牌重视环保。
- 这个品牌有社会责任感。
- 这个品牌的业务有可持续性。
- 这个品牌合乎道德。
- 这个品牌很可靠。
- 这个品牌值得信赖。
- 这个品牌的产品一贯质量上乘。
- 这个品牌是良心品牌。
- 这个品牌的产品真。
- 用这个品牌的东西很体面。
- 这是一个诚信品牌。
- 这个品牌可以给我们传递丰富的信息。
- 这个品牌不会做虚假声明。
- 这个品牌对顾客公开透明。
- 这个品牌信守承诺。

品牌力

对于什么是强大品牌有多种定义。但所有这些定义中都把类似的元素作为打造品牌力的关键。品牌规模大并不能证明它是一个强大的品牌。例如，20 世纪 90 年代早期，一项针对耐用品客户的品牌力研究显示，该品牌（不是我们客户的品牌）拥有强大的品牌力。但研究也表明，这个品牌规模较小。有些人对这个小而强大的品牌不屑一顾，由于规模较小，认为可以忽略这个参赛者。这个小品牌已经建立起品牌忠实度，尽管它价格昂贵。它就是戴森，这个小而强大的品牌颠覆了市场。

如前所述，客户重复购买不一定说明他们对品牌忠实，不要认为重复的购买行为是品牌忠实度的标志。不忠实的重复购买是对品牌价值的一种威胁。引导顾客仅仅因为价格和方便重复购买，并不能建立品牌价值，反而会破坏品牌价值。

我们从三个方面来看待品牌力：熟悉度、独特性和权威性。如前所述，熟悉品牌与单纯地知道是完全不同的。熟悉意味着顾客不仅知道这个品牌，而且他们认为自己有足够的关于该品牌的知识，可以对他发表看法；独特性是指对品牌相关度和差异度的认知；权威性指品牌在质量、领先程度和可信赖程度方面的口碑。质量的驱动力来自于顾客对品牌期望一致性的感知。领先程度的驱动力来自于一个不仅在规模上领先，而且在思想、普及度和创新上领先的形象。可信赖程度建立在信誉、诚信和责任的基础上。

品牌力应该根据顾客感知到的竞争力来评估。知道品牌会被如何评价是一件好事。但是，要想赚钱、让顾客满意，就必须在品牌的竞争中取胜。竞争环境必须是顾客所能感知到的。

　　这就是市场细分如此重要的原因。分析人士和其他人心存疑问，Chipotle 是否真的是麦当劳的主要竞争对手？我们之前提到过，客户眼中的竞争环境是唯一值得关注的对象。想想航空旅行和饮食，如果你是一名商务旅客，准备坐经济舱飞回家，你可能需要在飞机上吃顿饭。机场美食广场创造了竞争环境，为你提供了很多选择。你需要的可能是方便单手拿的食物（披萨不适合单手拿），或者是在拥挤的折叠桌上，可以保证用餐整洁。如果你不想冒犯邻座，你可以选择没有强烈气味的物品。你愿意使用塑料叉子吗？这些需求与你和朋友考虑在你家附近的单排商业区开一家相同品牌的餐馆时的需求是完全不同的。

　　随着时代的变化，客户感知到的竞争环境也随着具体情况的变化而变化。如果你和你的团队不能及时了解到客户的需求和使用场合，就可能会犯一个代价高昂的错误。我们和一位高管开了几次会，他的生意遇到了麻烦。这是一家位于英国的零售企业，正在全球范围内和互联网上扩展业务。当被问及这家企业的竞争对手是谁时，客户回答说是乐购（Tesco）和森宝利（Sainsbury），尽管该公司不销售食品。由于周围有很多大型超市，所以这家品牌的定制店以更低的价格出售产品。最初，营销团队并没有想到这种可能性。

　　建立品牌力对品牌价值有很大的影响。我们想确定地告诉耐用品的市场营销者，品牌力每增加 10%，每件产品的利润就会增加 57 美元。建立品牌力是有回报的。一个可行的品牌管理计分卡必须同时反映企业和品牌的经营业绩。除了建立衡量标准外，围绕这些共同的衡量标准调整组织也很重要。但说起来容易做起来难，需要很大的毅力和勇气。建立一个平衡的品牌管理计分卡需要在企业业绩和品牌业绩之间取得平衡。计分卡的结果应该用于对领导阶层的认可和奖励。

其他注意事项

这里有一些额外的注意事项，是你应该了解和处理的，它们可以帮助你创建最好的品牌管理计分卡。这些内容都写在我们《新品牌领导力》一书中，但它们都是从六大法则演变而来。

5P 行动

制胜计划中的指标必须包括与评估 5P 行动相关的具体指标。以下具体措施可将制胜计划与 5P 行动指标相结合。

1. 人力（People）——友好、乐于助人、见多识广，可以代表品牌。

2. 产品或服务（Product or service）——质量、服务速度、准确性。

3. 地点（Place）——干净、方便、现代化。

4. 价格（Price）——公平价值、可承受、价格范围。

5. 促销（promotion）——品牌知名度、品牌承诺、品牌信任度。

这些指标使我们能够评估我们正在采取的行动的进展情况，从而推动品牌向前发展。具体的指标需要按实际情况定制，反映 5P 行动的具体情况。

放弃依赖标准数据

衡量品牌时使用通用标准符合每个人的利益。世界上大多数财政部门都使用同样标准。品牌也应该如此。每个国家使用不同的质量、满意度或金钱价值衡量标准是很正常的。有一家客户，花了 6 个多月的时间才定下衡量质量的标准。负责这个项目的研究人员拥有联合国谈判代表的外交技巧和耐心，他应该获得一枚奖章。为什么？所有地区都认为需要在全球范围内采用一个同样的度量标准。然而，没有哪个地理学家愿意放弃它最喜欢的测量方法，他们的固执基于多年使用这些度量标准的经验，他们有"标准"——多年来收集的标准数据。然而，在一个飞速发展的世界里，"标准"正在失去立足之地，"标准"不再被用来定义成功。当大家都推崇实时在线评级和排名时，你的标准数据就显得过时了。

由于品牌团队认可标准数据，所以他们只做到平均水平或略高于历史平均水平。"标准"是典型的、预期的、通常的和一般的东西，这与追求最好或完美是不一样的。标准不是由准则来定义的，而是基于竞争对手特点和追求完美的愿景来定义的：我们是否比那些主要的竞争对手做得更好，我们是否正在朝着我们商定的目标前进？

值得信赖的品牌价值

新的价值等式意味着品牌团队应该更精确地制定自己的衡量标准，从而评估客户认为值得信赖的品牌价值。情感利益和社会利益之间确实存在差异。价值不仅仅是问这个品牌是否有价值，或是否物有所值。因为每个品牌都有自己的品牌承诺，所以不能一概而论。

下面是对新价值等式概念的一些思考。请记住，这个等式包含客户付出的成本（金钱、时间和精力）和他们期望得到的品牌体验（功能、情感和社会效益）。在制定品牌的衡量标准时，请考虑条目背后的理念，并且将这些一般性的条目同品牌的具体情况结合起来考量。请记住，单独的条目无法表达新价值等式的概念，所以要综合多个条目。之前，我们收录了以下条目，用来对信任做出界定。

价值

> 这个品牌不值那么多钱。
>
> 这个品牌物有所值。
>
> 我认为这个品牌值得购买。
>
> 按目前的价格，这个品牌不值几个钱。

价钱

这个品牌的价钱可以接受。

价格低。

价格高。

相对于其他品牌，这个品牌的价格比较公平。

我对这个品牌的价格很满意。

网上的价格更低。

店里的价格更高。

价格波动太大。

时间

用这个品牌浪费时间。

这个品牌对时间要求太高了。

用了这个品牌，我总是赶时间做别的事。

这个品牌能帮我节省时间。

这个品牌帮助我最大限度地利用时间。

用这个品牌浪费时间。

精力

要找到这个品牌，太费力气了。

用这个品牌耗费精力。

我不愿意为购买这个品牌付出额外的努力。

这个品牌不值得我这么做。

我并不是茫然地选择这个品牌。

这个品牌花了我太多精力。

很清楚如何使用这个品牌。

功能

这个品牌对我很有用。

这个品牌适合我的生活方式。

这个品牌与其他品牌不同。

这是一个追求创新的品牌。

这个品牌对我来说是个不错的选择。

这个品牌质量好。

这个品牌在同类产品中处于领先地位。

这是一个很受欢迎的品牌。

这个品牌用法简单。

情感

我觉得这个品牌用起来不错。

我感到被关心。

我觉得自己很有能力。

我很喜欢这个品牌。

用这个品牌，我感到很舒适。

社会

用这个品牌，我会觉得自己有地位。

我很受尊敬。

我与别人有了共同点。

这个品牌反映了我的个性。

用这个品牌，别人会以我希望的方式看待我。

这个品牌就是我。

注释

〔1〕 Colias，Mike，"De Nysschen's Cadillac：On Track But a Slow One-a Year In，He's Made It Clear There's More Work to Do，"*Crain Automotive News*，August 17，2015.

〔2〕 Ibid. ，Colias，Mike，*Crain Automotive News*.

法则 5:
重建品牌信任

信任正日益成为机构和品牌的宝贵资产。事实上,大众对机构、政府、大学、宗教和企业以及对专家和名人的信任度正在以稳定的速度下降。年复一年,世界各地的机构越来越不受人们的信任,消费者对品牌的信任度也在下降。《经济学人》(*Economist*)引用的一份报告指出,"在北美,消费者表示他们只信任五分之一的品牌。"在欧洲,这一比例接近三分之一。"大约有一半的美国消费者表示,他们相信小公司会做正确的事情,相比之下,只有36%的人相信大公司会做正确的事情。"[1]

信任是企业财富的来源,是获得持久的盈利性增长的重要驱动力。新的价值等式表明,信任是价值的生产者。随着信任的增加,品牌价值也在增加;如果没有信任,就没有价值。信托资本是企业财富的组成部分之一。通过创建信托资本，公司或品牌可以产生信任储备，帮助品牌或企业顺利度过危机。随着时间的推移，信托资本的信托储备之间建立了牢固的关系。可信度是品牌力的重要组成部分。

一个强大的品牌不仅仅是一个商标，而且是一个信任的标志。信任对于建立长期的品牌忠实度来说是非常重要的先决条件。没有信任，就无法获得品牌忠实度。你信任一个品牌时，就会热衷于它。因此，信任是建立长期品牌忠实度最重要的前提。信任可以增强品牌说服力，可以增强消费者对新信息的接受力。信任是衡量关系的标准，它远高于交易标准。

我们如何定义信任？

品牌这个词有 100 多种不同的定义，信任也一样。教育、社会、科学、经济、政治、心理、市场营销或其他学术或商业领域都有自己定义信任的不同方式。唯一一个共同点是，他们都认为信任是建立所有关系的基本要素，信任非常重要。

有些人将信任定义为"一种广义期望，它是指一个人或者一个群体认为另外一个人或者一个群体的某个书面或者口头发表的言语、承诺是可靠的。"[2] 于是，我们将品牌信任定义为"对品牌承诺可信度的一种广义期望"。

信任是钱买不来的，必须要靠主动争取，有时候甚至要重新争取。它会随着时间延续下来，不过，一旦遭受破坏，关系就会随即破裂。建立信任要花好几年，而毁掉它只需一个晚上。信任是维护长期关系的必要条件。如果一个品牌与顾客建立了牢固的关系，它就很难被破坏。

重建品牌信任是一项极难的挑战。领导层必须集中精力评估内部和外部的品牌承诺和行为。

内部承诺

我们的咨询公司 Arcature LLC，为内部营销制定了一个拥有四个要素的方案。虽然这四项行动方案互相独立，但它们共同作用于一个持续的良性循环。品牌建设永无止境，信任建立永无止境。

以下是建立内部承诺的四要素：

1. 教育
2. 行动
3. 鼓励
4. 评价

教育回答了以下问题：

◈ 我们在做什么？

◈ 我们为什么要这么做？

◈ 为什么是现在做？

◈ 这对你来说意味着什么？

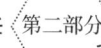

这些都属于人事问题，人们必须知道发生了什么事情，以及这些事对他们有什么影响。即使这些变动不是巨大的，也必须让员工知道哪些细节会对他们造成影响。告诉员工这些变化的好处，告诉他们你的计划是什么。开放和诚实有助于建立信任。即使没有危机或真正的紧迫感，也要给员工机会，让他们知道机会是什么，挑战是什么，品牌宗旨和品牌承诺是什么。

提供机会，让员工了解品牌和制胜计划，以及它如何影响每个人，无论他们身处何处，是何职位。我们可以使用视频和数字设备、应用程序和活动、小册子、音频、播客，以及定制个性化的交流，举办在线和面对面的研讨会，尽一切努力让人们了解这个品牌。2003 年，我们在麦当劳开设了一门在线品牌课程，汉堡大学的学习计划又增加了更新后的制胜计划。除了一本关于雷·克罗克的思想选集外，我们还分发了一份薄薄的制胜计划、一本品牌词典和一张品牌精华 CD。一本精致的品牌书让这个品牌焕发了生机，一本充满奇思妙想的小册子也为品牌注入了活力。

用行动应对品牌现在正在做的事情。现在，人们期望品牌做些什么？为每个人提供帮助，并询问他们是否愿意提供帮助。询问员工遇到的障碍，然后讨论克服障碍的方法。让他们知道，如果存在官僚机构、孤岛思维或其他任何会阻碍品牌发展的东西，企业必定会改变这些不合理的结构和系统。

最好的方法之一就是创建一个跨职能团队（CFT）。在新品牌领导力中，我们讨论过跨职能团队。它是支持品牌发展的有效途径，能将不同的思维方式、解决问题方案相关的个人的职能、位置和层次结合起来。其次，创建自己的品牌字典，因为语言很重要。正如地理位置有共同的衡量标准，如质量、满意度和价值，每个领域和职位都有自己的语言。此外，来自其他企业的人——甚至是那些使用标准化衡量方法的大型公司（如波士顿咨询集团或麦肯锡）的外部顾问——都有自己的语言。共同的语言不仅有助于更好地沟通，而且有助于更好地合作。

鼓励可以起到强化作用。我们要为员工创造兴趣、信心、信念、激情和兴奋。确保领导层不只是说正确的话，还必须做正确的事。一旦员工知道了这样做的原因和理由，并开始执行，领导就应该继续加强员工的任务。品牌建设是一个持续的、永无止境的过程，虽然这些活动正在进行中，但并不意味着它们一旦完成就会变成常规业务。鼓励意味着不断的交流：让员工提高意识，见多识广，并且跟上时代。运用共同语言强化品牌方案，重新定义工作目标：现在，员工可能会发现他们的工作有了额外的事项和责任，有些人可能会少承担一点责任。正如我们在"实施认可和奖励"中讨论的那样，"法则4：加强面向结果的企业文化"，"寻找鼓励绩效改进的方法，并创造出一种'我要赢'的文化"。"通过沟通和行为锚定共同的价值观；通过公关和内部公关来支持团队成员的努力，无论他们在哪里工作，任何种职位；通过在媒体或公众面前与员工共享信息，让他们知道自己很有价值"。总之，人力是第一位的。

评估是说如果事情很重要，那么就应该对其进行衡量。我们需要衡量事情的进展情况。从失败中学习，设定短期目标，建立一致的评价体系，改进工作，明确规划成功和企业成功之间的关系。与所有指标一样，这些指标也应做到清晰、全面，并根据你的内部情况进行定制。这里有一套衡量方法。我们曾与一位客户合作，该客户每隔6~9个月就会与外部顾问商定改组事宜。其中涉及那么多不同的蓝图，那么多不同的代号，董事会需要准备一份缩略词和流程清单。这是对资源的巨大浪费！

外部承诺

重建信任是品牌重塑的重要组成部分。信任的重要性不言而喻。但是，很多例子表明，品牌管理者往往缺乏常识。建立信任需要时间，但无时无刻都可以毁掉信任。

美国全国广播公司（NBC）网络新闻播音员布莱恩·威廉姆斯（Brian Williams）夸大和捏造了自己成为英雄的故事。当这件事曝光后，布莱恩·威廉姆斯品牌立刻失去了信任。公众是否会像他误入歧途之前那样信任他，还有待观察。大众汽车目前处于一种"不受信任"的状态，因为现在全世界的人都知道各种柴油车上都装有全球排放控制软件。随着危机的继续，媒体和评论员一致认为，重建信任将是大众汽车面临的一个重大问题。

2006 年，加拿大总理斯蒂芬·哈珀（Stephen Harper）在当选时承诺，他会承担责任，建立信任。然而，他的助手用公款支付的丑闻和筹款风波损害了哈珀的信誉。英国《金融时报》在其标题中大声疾呼，"困扰加拿大总理的信任问题"。[3] 只是嘴上说"相信我"不一定表示你值得信任，事实胜于雄辩。哈珀认为自己缺乏可信度，这可能是他最近在大选中输给特鲁多（Justin Trudeau）的原因之一。

个人、品牌、公司、所有机构和国家都可能面临失信问题。在希腊债务危机发生后，全世界人民共同目睹了欧盟、希腊和国际货币基金组织（IMF）的反复失信行为。这些文章有许多不同的观点。但它们都认为，在与成员国打交道时，欧盟和 IMF 失去了全球公民的信任。

这里有五条建立外部信任的原则，经过证实，它们都有助于品牌重塑：

- 行胜于言。
- 引导舆论，而不要回避。
- 抓住公开的机遇。
- 可靠的消息出自可靠的来源。
- 好公民自有回报。

行胜于言

口说无凭，信任要先通过行动表现出来。顾客要先觉得你的品牌值得信任，才会去信任它。仅仅说句"相信我"是不能打动今天的消费者的。如今，消费者变得更有知识、更挑剔、更注重质量和价值。做一些标志性的、实实在在的事情来证明你的承诺，这样才可以赢得信任。标志性的产品或者服务有形地彰显了你的主张。重塑一个品牌的时候，如果仅仅说"我们在倾听你们的建议"或者"我们在革新"是不够的。用标志性的、实实在在的行动支持这些关于变革的宣言是非常必要的。

当谢丽尔·巴舍尔德接任大力水手首席执行官一职时，她非常乐意倾听客户的需求。她听取加盟商的意见，然后把它们融入到新餐厅的设计中。这样一来，加盟商可以感受到自己也是其中的一份子。达美乐发生了标志性变化，因为顾客告诉该披萨连锁店，说他家的食物很糟糕。达美乐不仅做出了改变，而且还在电视广告中公开宣布自己的变化。

信任就是坚信一个品牌能够满足顾客的期望。这就意味着该品牌承诺给顾客的期望是值得信赖的。不要过度承诺，承诺你能做到的事情，然后真的做到。美国航空公司（AA）是全局代码"寰宇一家"的共享伙伴。实际上，现在还没有这样的好地方所以这肯定是一种委婉的说法。你是否曾尝试将英国航空公司（BA）的里程转换为美国航空公司（AA）

的里程，或将 AA 转换为 BA？你尝试过在全美航空系统上使用 AA 身份吗？你尝试过用海军上校俱乐部的卡进入英航休息室吗？其实，"寰宇一家"的共享服务没有包含上述事项。而且，与连锁餐厅达美乐（Domino's）不同的是，美航似乎并不想提供它承诺的无缝对接通信服务。

通用汽车公司的许多汽车都存在严重的问题。据媒体报道，即使你的车被召回，也可能要过几年才能修好。要么是因为没有零件了，要么是因为员工离职了。然而，通用汽车根本没有更快修复汽车的意愿。当你遇到这种事时，必须采取相应的行动。如果你不能提供安全的汽车，就是在破坏信任纽带。

行动胜于雄辩。如果没有行动，即使你做出了承诺，也会失去人们的信任。这就是为什么公众对企业的社会责任计划持怀疑态度，企业总是打着积极向上的口号，比如"绿色洗涤"，但最终却没有行动。相比之下，Chipotle 首席执行官史蒂夫·埃尔斯（Steve Ells）在墨西哥玉米煎饼中没找到多少猪肉，他告诉顾客，他绝不会偷工减料。他请求顾客再等等，Chipotle 一定会为所有门店提供符合标准质量的猪肉，严控从猪的饲养到宰杀的各个环节。这就是"诚信食品"的意义所在。

引导舆论，而不要回避

"领导者要乐于承担风险，要做出头鸟，要乐观向前"。[4]大事面前保持缄默不是领袖的标志。沉默代表默许。信任太

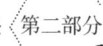

重要了，它容不得沉默。领导者应该为自己支持的观点挺身而出。

当顾客抱怨披萨的质量和味道时，达美乐本可以采取守势。实则不然，该品牌认为这些产品低于生产标准，并通过全国的电视广告告诉我们这一事实。如果你是做食品生意的，而你卖的食品让人觉得很糟糕，那就坚决做出改变吧，采取守势是错误的做法。要想让一个品牌受到重视，防御性的姿势意味着你要有所隐瞒。当你沉默或隐藏时，真相如何，就由别人创造了，其他人会重新编撰你的个人资料。品牌需要维护自己的声誉，问题在于，谁将在品牌声誉方面拥有最强有力的发言权，让外人捏造品牌的真相有损品牌的利益。

我们为《华尔街日报》撰写关于如何重塑麦当劳的文章中，食品重塑是其中一个要点。然而，史蒂夫·伊斯特布鲁克（Steve Easterbrook）在网上向分析师公布的重塑计划中却从未提及如何解决食品问题。现在，即写这篇文章的时候，麦当劳才表示汉堡的烹饪方法、面包的烤法等会与以往有所不同。

面对事实是建立信任的关键。事实是，麦当劳菜单上的核心产品质量有所下降，所以它应该专注于开发新产品。达美乐就有新产品。由于它的非比萨产品较多，因此它通过更名来告诉顾客这一点。但是，刚起步时它主要是重塑核心菜单。

引导舆论意味着坚定自己的立场。作为品牌的领导者，你是否相信这个品牌有能力走出舒适区？在洲际酒店及度假村集团（InterContinental Hotels and Resorts），英国酒店的名厨西奥·兰德尔（Theo Randall，电视名人、烹饪书作者、享誉全球的英国厨师）为洲际酒店品牌（不仅是他所在的酒店）设计了儿童菜单。在儿童厨师和营养学家安娜贝尔·卡梅尔（Annabelle Karmel）的帮助下，他看了看酒店的儿童菜单，说还有很多事情可以做，而且可以做得更好。他坚信，在他的餐厅里做客的孩子不应该只能吃到意大利面、鸡块和披萨这种家常便饭。为什么不为那些与父母一起旅行的孩子提供一份特别的菜单呢？现在，洲际酒店集团（Inter Continental Hotels）旗下的所有连锁酒店都推出了这一菜单，受到全球各地的孩子和家长的欢迎。

有时候，华尔街和分析师会在你说真话的时候惩罚你。最近，推特就出现了这种情况。2015 年 7 月发布季度业绩时，首席执行官杰克·多尔西对推特的失败进行了非常直白的评价，不习惯接受"真相"的华尔街惩罚了这个品牌，推特的股价在盘后交易中下跌了 11%。正如多尔西所说，该品牌正投入大量精力对商业模式进行修正，希望营销人员可以更容易地通过现场活动与客户沟通。他明确表示，公司所做的一切尚未对推特的数据产生有意义的影响，并且说道，这是"不可接受的"，推特对此很不满意。多尔西说，他没有暂停品牌行动，而是在向前发展，推广品牌体验。不过，他补充说，他不确定推特正在做的事情能否让那些没有耐心的投资者感到满意。[5]

与其回避问题，不如引导舆论。采取积极的行动，说出你的故事。麦当劳美国公司（McDonald's USA）前公关总监、LYFE 餐厅原创性创作团队的成员迈克尔·多纳休（Michael Donahue）经常提醒大家，"当你讲述自己的故事时，你就赢了。当你保持沉默时，你就输了。"对信任的领导不仅需要你挺身而出，还需要你表达自己的意志。在重塑一个品牌时，如果想让自己的品牌脱颖而出，就有必要为自己的品牌说话。

抓住公开的机遇

公开透明是获得信任的关键，因为透明需要真相支撑。然而，真相不等于信任。真相是事实，信任是感觉。要把自己的品牌变成一个信任标志，这两者必须同时具备。要想让消费者信任你的品牌，就必须让他们看到真相，而不是让他们相信道听途说。

提高透明度和公开度是品牌重塑计划中的重要方面，有助于重建信任。有些方法是有意义的，有些方法似乎违背常识。在 2002~2005 年的转型期间，法国不得不处理威胁麦当劳质量和声誉的问题。麦当劳欧洲总裁丹尼斯·亨内昆（Denis Hennequin）创立了"开门政策"。于是，老师、家长和孩子们都成了麦当劳餐厅的访客，他们可以参观厨房，看食物是如何装配的，看烤架是如何清洁的，地板是如何打扫的，每天都有员工和店长讲解这些操作。

这个想法就是要真正地敞开餐厅大门，让人们看到"后面的场景"，媒体也是欢迎的。每个人都知道了食物的来历——如何运输、准备，如何按订单服务。这个项目在法国开展的时候，公司的收入增加了。该想法的理念就是："你自己看吧。你可以亲自到店里来看看我们是怎么做的。"

麦当劳一直在与各种破坏品牌声誉的谣言作斗争，最引人注目的是食品质量和成分方面的谣言。2012 年春天，麦当劳在加拿大推出了名为"我们的食物，你们的问题"的营销活动。这是一种公开食物透明度的方式。"随便问我"这一活动的受众是成千上万的普通加拿大人。问题范围从"汉堡包是 100% 由真正的牛肉制成的吗？"到"汉堡包是由粉红色的肉渣制成的吗？"对于这些问题，麦当劳在网上发布了回复，要么是文字回复，要么是在 YouTube 上传幕后视频。2013 年，澳大利亚的麦当劳采取了类似的做法。2014 年，美国的麦当劳也采用了这种方法。正如你在网上看到的案例，麦当劳全部采取"公开""透明"原则回答这些问题：在美国，人们得知麦当劳的薯条中有 19 种成分时，那些原以为薯条只是由土豆、盐制作的油炸食品的顾客大吃一惊。

一些品牌将提高公开度融入到品牌承诺和制胜计划中，并将其作为品牌的一个组成部分。Chipotle 坚持公开食品食材，做良心食品，其实，客户非常了解品牌推广的动物食材的安全性，而且他们有很强的食材意识。品牌"隐瞒什么"没有任何意义。另一个内部和外部透明度较高的品牌是英国零售商约翰·刘易斯。约翰·刘易斯的所有员工都是品牌所有者，因此，他们之间的沟通一向公开。至于该品牌的客户，营销总监克雷格·英格利斯（Craig Inglis）说："如今的消费者比以往任何时候都消息灵通，这意味着他们对品牌的期望值很高。品牌除了完全公开透明之外，无路可走。"[6]

在这个开放、即刻获取信息、知识共享的世界里，公开透明非常重要。加强企业对透明度的重视会影响信托资本的产生。公众早晚有一天会发现问题的真相。现在早已没有秘密，秘密无处可藏。越来越多的公司承诺在公司运营和沟通中保持透明度。利用传统的广告很容易告诉别人品牌代表什么，但如果其他人能代表品牌发言，会更有说服力。如果真相是人们自己了解到的，就更加令人信服了。

可靠的消息出自可靠的来源

2015 年的爱德曼信任度调查报告（Edelman Trust Barometer）陈述并描述了信任正在全球消失的事实。唯一有所改善的机构是政府，但这一比例仍不到受访者的 50%。目前，调查显示，最受信任的媒体是在线搜索引擎，现在，它比传统媒体更受信任：72%（+8）vs. 64%（+2）。[7]

你怎么说和你说什么一样重要，尤其是在一个通过网络、博客、应用程序和 145 种字符进行对话的世界里。人们很善于辨别什么是准确和真实的，什么是刻意安排和人为的。正如爱德曼报告所言，相比公司首席执行官（46%）或网络名人（45%），人们更信任朋友和家人提供的信息（72%）。[8]千禧一代甚至对什么是真相更为了解，他们中的年轻群体比年长群体更多疑，更不容易信任别人。

有些网站可以让用户与素不相识的人交流，在这个过程中会产生评级、排名以及左右观点的正面和负面评论。要知道，同行的证词比公司的证词更可信，同理，顾客的声音要比公司的声音更值得信任。

我们描述麦当劳的转型时，谈到了同行证词是最可信的，而专家的证词也是值得信赖的。顾客相信来自可靠的第三方的消息。过去，佳洁士获得了美国牙科协会认可的印章，因此能够迅速赢得消费者信任。当保罗·纽曼（Paul Newman）在麦当劳推广凯撒沙拉酱时，麦当劳的沙拉就赢得了消费者的信任。肯德基在奥普拉·温弗瑞的脱口秀节目中推出了新的烤鸡，试图立即获得顾客的认可和信誉。不幸的是，由于很多人一哄而上，争抢免费鸡肉优惠券，导致网站崩溃。结果，鸡肉很快卖完了，这家连锁店不得不签发空头支票，花了好几个星期才完成订单。

然而，正如爱德曼和其他人所报道的，近来，专家的证词已经没有那么大的影响力了。消费者普遍怀疑，他们是在为品牌"抬价"。若你可以读到志同道合的人的观点，为什么还要和那些甚至可能不会使用这个品牌的专家打交道呢？如今，媒体环境比过去更加困难、复杂。在澳大利亚，麦当劳与食品集团合作。这是一家可信的外部咨询机构，是澳大利亚最受尊敬和认可的机构之一。他们帮助创建并且认可了我们的新菜单，这个主意非常好。但是今天，人们会立即质疑双方的动机不纯，可口可乐就面临着这样的挑战。

全世界的食糖消耗量都很高，尤其是在美国。美国食品和药物管理局（FDA）建议限制个人一天的食糖摄入量。新的指导方针建议每天的糖摄入量不超过 50 克。一瓶 8 盎司的可口可乐就含有足够的糖分来满足每日的推荐摄入量。[9] 在 2015 年 8 月 4 ~ 10 日的《彭博商业周刊》封面上有一个梨形、底部过于厚重的可乐瓶，表明了该公司在一个注重卡路里的世界里所经历的考验和磨难。

为了解决公众、医疗、营养和饮食机构日益增长的担忧，可口可乐决定解决其旗舰产品可能会导致的肥胖问题，公司淡化健康饮食的重要性，强调锻炼的重要性。据《纽约时报》报道，"可口可乐公司支持一项新的'科学'解决肥胖危机的方案：保持健康的体重，多运动，少担心卡路里摄入量。"可口可乐加入了一个"有影响力的科学家小组"，他们在会议上、医学出版物上和所有社交媒体上宣扬这个想法。为了做好消息传递工作，可口可乐正在为一个新成立的非营利性组织"全球能源平衡网络"提供"财政和后勤支持"，这就凸显了一种观点，即有体重意识的美国人过分关注自己的饮食，而对运动却不够重视。"[10]在我们当前的环境中，儿童肥胖是父母和医生都很担心的问题，由于体重超标而导致糖尿病发病率飙升，加上普通消费者惊人的食品意识，因此，类似于"吃什么无所谓，运动才是王道"这样的信息不会传播开来。人们明白锻炼很重要。但他们也知道，如果你不减少各种元素的摄入，光运动是行不通的，糖就是其中之一。如果你阅读了时报文章所附的评论，你会发现人们对这一伪科学的怀疑非同寻常。

正是这种即时反应，把一场大规模的信息传播运动变成一场公开的、重大的认错现场。可口可乐"只运动"计划的负面反应和负面宣传引起了轩然大波，以至于在这篇文章发表11天后的8月10日，可口可乐首席执行官穆泰康（Muhtar Kent）不得不在《华尔街日报》的评论版写下"辩解书"。标题："可口可乐：我们会做得更好，"肯特说，"我们公司受到指责，消费者认为我们把问题的矛头转移到体育锻炼是解决肥胖危机的唯一方法上。也有报道指责我们在科学研究的问题上欺骗公众。我们已经阅读和反思了最近的新闻报导和观点，与我们的家人和朋友在线对话，解决他们的问题。我们公司的产品描述没有反映我们的意图和价值观。"[11]肯特先生承诺将公布所有资金和公司支持的其他组织和研究。然而，外界对该公司的行为反应激烈，批评之声不绝于耳。可口可乐公司的首席科学家罗娜·阿普勒鲍姆博士已经离开了公司，可口可乐公司表示不会再让她归位。

为客户提供信得过的信息来源是至关重要的。挑战在于你所提供的信息源要有用、方便、易懂，而且对顾客有价值。所以，你要打造一个通俗易懂、方便使用、及时而且值得信任的开放式信息源。

好公民自有回报

要做个好公民需要做很多事情，但是最基本的是要做好事。站在公司的角度，它要付出很大的努力，配置很多资源去做好事（商业方面）。而且，做一个良好的企业公民——如果一个公司知道怎样做的话——可以帮助这个企业在复杂和不确定的环境中获得利润的持续性增长。是否受信任跟组织规模没有关系，而是在于你的所作所为。

履行企业社会责任（CSR）是建立信任资本的重要途径。人们关心的不仅仅是一个品牌的特性、便利性和价格，他们也会审视自己对品牌的感受以及对品牌所属企业的感受。"他们还关心产品对社会和环境的影响。事实上，很多人会问这样的问题：这个玩具是否含有有毒物质？这件衣服的材料是从哪里来的？生产过程是否环保？"

公众对公司的要求越来越高了，他们认为公司在对人、对地点、对物的要求上需要遵循更高的标准，人们对公司的期望需要产生结果。但他们也认为，结果和责任应该携手并进。年轻一代越来越重视对"地球和人类友好的善行"。拥有积极的品牌声誉是企业的一大优势。

通过公益事业建立信任并不单指赞助之类的活动，譬如一次提高人们对乳腺癌关注度的长跑活动、地球日活动或者年度圣诞节捐赠活动，我们所说的不止这些一年一度的宣传性赞助。建立信任，意味着以可持续性和长期性为基础整合投入，并以此作为加强相关品牌承诺的重要部分。消费者希望他们能够确认你的动机是可靠的。这意味着你的品牌发展方向应该和你的品牌本身有紧密的联系。消费者可以识别你对某项事业的支持是不是一种投机行为。

市场的先锋有特殊的责任和非比寻常的机会。像星巴克、通用电气、通用汽车、空中客车、宝马和麦当劳这样的先锋，它们无法独立解决一个社会问题。但是，作为领袖，他们的市场影响力要比市场份额大得多。市场领袖应该承诺，运用他们的规模和优势为其他人树立强有力的榜样。如果市场先锋不这样做，其他人就会攻击他没有责任感。

星巴克关于美国种族关系状况的"对话"就是一个很好的例子。在霍华德·舒尔茨叫停种族关系运动后，《迈阿密先驱报》（*Miami Herald*）收集了南佛罗里达州商界人士的意见。大多数受访者表达了积极的感受，尽管他们确实认为这件事对于咖啡师来说似乎超出了他们的能力范围。但他们很赞赏舒尔茨，因为他的谈话非常有益。"我相信每个人都可以，而且应该在提高意识、帮助解决公民和社会问题方面发挥作用。'每个人'包括个人和学校、有共同信仰的公民和社会组织、政府（地方、州和联邦）、非营利组织、基金会、和企业。企业可以扮演的角色是：1）利用他们的平台提高人们对这个问题的认识；2）利用他们的才能帮助找到解决问题的方案；3）利用他们的影响力，帮助筹集资源"，Feeding South Florida（慈善组织）的首席执行官帕科·韦雷斯说道。[12]

麦当劳还有一个参与当地社区活动的传统。雷·克罗克坚持认为，回馈餐厅周围的社区和参与社区活动是最基本的义务。"我们应该在所有的方面与居民组织和社区团体合作。如果他们需要一个新的操场，需要一个新的运动设施，我们就应该尽自己所能跟他们合作。我们想做他们的生意，而想做生意就让他们过来把钱留下是不够的。我们得做些事情，让他们觉得我们更亲切。而且，我们也希望他们来这里的原因是我们在该社区的名气和我们的合作精神。我们有义务回报为我们带来这么多益处的社会。"[13]

重建信任是一个品牌对当地的和全球的顾客乃至员工所作出的承诺。尽管建立（和重建）信任是企业面临的重大挑战，但它一定会有所回报，值得你这样做。

在麦当劳，我们知道，信任可以重建。这需要花费很多时间和心血，也需要大干一场，但这一切都不是徒劳的。研究结果继续支持这一观点，即建立"值得信任的关系"不仅仅需要衡量满意度。数据显示，这种关系的建立不仅仅要实现交易满意度。品牌信任对"品牌忠实度、品牌承诺、购买意愿"等也具有很强的正向影响。"[14]

信托资本

在全球范围内，提升品牌和企业度信任越来越重要。穆泰康（Muhtar Kent）不得不把重建信任加入自己的议程，因为最近的"只运动"活动似乎有损人们对该品牌的印象。他不仅要处理食品和药物管理局的建议，还要应对世界卫生组织和美国心脏协会的限糖指南。[15]他没有说任何妥协的话，但也没有说任何令人信服的话。他以"我们关心"结束了他的评论。但是，我们关心什么？我们关心谁？这样的陈述不能建立信任。可口可乐需要重建信任。信任是新价值等式中的乘数。如果品牌体验不被信任，信任度为零，那么其他的一切都不重要，因为零乘以任何东西都是零。信任产生价值，价值为企业创造财富。

创造企业财富的资本有三种形式：金融资本、智力资本和人力资本。还有一种资本也很重要，那就是信托资本。我们将信托资本定义为客户对企业的权威、信誉、诚信、领导力和责任的信心，以向利益相关者交付有价值的承诺。信托资本为企业创造价值，它是企业在困难时期或危机时刻可以抓住的"救命稻草"。随着机构的信任度日益下降，信托资本成为21世纪企业财富中最重要的一块。创建信托资本可以让公司或品牌产生信任储备，帮助品牌或企业度过危机。

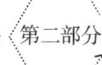

随着时间的推移，信托资金储备之间会建立起牢固的关系。

注释

〔1〕 Schumpeter, "It's the Real Thing: "Authenticity" Is Being Peddled as a Cure for Drooping Brands", *The Economist*, November 14, 2015.

〔2〕 Rotter, J. B., "Generalized Expectancies for Interpersonal Trust," *American Psychology*, Vol. 26, 1971, pp. 443–452.

〔3〕 Doyle, Simon, "Issue of Trust Hounds Canada's Prime Minister." *Financial Times*, August 20, 2015.

〔4〕 Kroc, Ray, 1968 Toronto Leadership Video.

〔5〕 Goel, Vindu, "At Twitter, Slow Growth in New Users Disappoints," The New York Times, July 29, 2015. And, Koh, Yoree, "Twitter Ad Woes Subside, but Growth Stalls," *The Wall Street Journal*, July 29, 2015.

〔6〕 Tesseras, Lucy, "Nowhere to Hide: Why Transparency Is a Business Necessity," *Marketing Week*, July 1, 2015.

〔7〕 *Edelman* 2015 *Trust Barometer*, Annual Global Study, Edelman, 2015.

〔8〕 Ibid., *Edelman* 2015 *Trust Barometer*, Edelman, 2015.

〔9〕 Rabin, Roni Caryn, "F. D. A. Seeks to Slow the Pour of Sugar," *The New York Times*, November 10, 2015.

〔10〕 O'Connor, Anahad, "Coca-Cola Funds Scientists Who

Shift Blame for Obesity Away from Bad Diets," *The New York Times*, August 9, 2015.

〔11〕 Kent, Muhtar, "Coca-Cola: We'll Do Better," *The Wall Street Journal*, August 20, 2015.

〔12〕 Odenwald, Thomas, and Christian Berg, "A New Perspective on Enterprise Resource Management, "*MIT Sloan Management Review*, Fall 2014, Vol. 56. No. 1.

〔13〕 *The Miami Herald*, "Business Can Be a Force in Advancing Civic, Social Issues; CEO Roundtable," May 3, 2015.

〔14〕 Kroc, Ray, *Phil Donahue Show*, 1977.

〔15〕 Koschate-Fischer, Nicole and Suzanne Gartner, "Brand Trust: Scale Development and Optimization," *Schmalenbach Business Review: ZFBF*, April 2015, Vol. 67, No. 2, p171.

法则 6：
实现全球联盟

"我们中的任何一个人也比不上我们全体。"[1]

群策群力是最好的工作方法，这始终是雷·克罗克的行动原则之一。他相信，每个人工作的首要任务是为整个公司服务，而且这么做也会有助于个人的成功。他对业主说："你做生意是为自己，但不是靠自己。"[2]对于雷·克罗克，麦当劳，甚至任何一个想成就自己的品牌霸业的人来说，联盟就是一切。联盟意味着我们在朝着同一个目标努力。我们的目标就是共同的品牌宗旨和品牌承诺。对于品牌的发展方向，我们有着一致的看法。而且，我们对品牌管理的优先级有着相同的定义。我们还有共同的衡量尺度。制胜计划是帮助我们确保全球联盟的重要工具。

以实现全球联盟为基础的法则实践有如下三点：

🔹 建立框架内的自由。

◈ 实行制胜计划：8P。

◈ 运用协作三箱模型。

建立框架内的自由

联盟不等于自动化。品牌联盟不能限制品牌创造力，它的焦点在于创造的过程。韦伯斯特将联盟定义为在制定协议和联合的前提下走到一起。这意味着联盟对象之间应互相给予适当的支持。虽然"联盟"这个词来自古法语单词"走直线"，但我们定义的联盟的意思是始终保持在直线范围内行动：在不改变品牌及其政策的情况下，自由地进行创新。这意味着在品牌规定的框架内创新，创新的过程是可以自己决定的。

制定一个全球性的品牌重塑计划需要让每个人都明确一点：我们要投身于共同的目标，在共同的"制胜计划"指导下形成组织联盟，但这并不意味着创造性思考的终结。实际上恰恰相反，我们鼓励自由创造。但是，我们需要建立一些规则来引导我们的创造。

我们认为，全球联盟不是要实行标准化全球营销，而是要努力协调全球营销。框架内的自由允许我们根据地区的市场情况保持品牌相关度，与此同时，这些应用于区域的宣传口径必须能够反映一个全球统一的、强大的品牌形象。

但是，和制胜计划一样，框架内的自由远不止于营销宣传。这意味着你要设置一些限制性条件，在这些限定的区域内鼓励人们的自由创造。我们不允许出界行为，也不允许擅自改变限制条件，就像你不能擅自改变纽约和宾夕法尼亚的边界或者德国和法国的边界一样。而在既定的品牌界限内，你有充分的活动余地。

为完成我们的品牌宗旨所阐述的使命，我们必须按照制胜计划中的 5p 采取行动，并按照品牌承诺的定义使我们的品牌焕发生机。换句话说，这五项品牌行动界定了鼓励本土市场创新的界限。在明确的界限内，我们鼓励创造性的、自由的思想和表达，或"框架内的自由"。"通过了解品牌的组织和延伸范围，了解产品的能力（无论是生产还是销售方面），你将能够明确哪些是特定的优先行动，以实现品牌承诺和使命。"

焦点

全球联盟需要焦点。正如你能想象到的，一个在 100 多个国家经营、每天有 6000 多万顾客的大品牌，焦点是不容易确立的。很多人认为，焦点就是限制。有人批评"框架内的自由"所设置的边界就是限制，然而，焦点不是限制而是强化。要推广一个强大的品牌，确立组织焦点和实现联盟是最基本的。

实行制胜计划：8P

制胜计划的目的是实现组织内部的一致性。"我们要保持步调一致"，这样的话不知道管理层说了多少年了。无论是哪种行业，"步调一致"都仿佛是市场人员、管理人员和主管团队梦寐以求的状态。然而，很少有组织能够创造目标、行动以及标准方面统一的"步调"，让大家共同遵守。制胜计划正是以此为目的：它为组织设置了统一的宗旨、承诺、行动和业绩评估标准，这样一来大家就可以保持一致。

要重塑一个品牌，我们需要改变品牌文化，从避免失败到朝着必胜的目标努力。制胜计划可以确保品牌在8P（宗旨、承诺、人力、产品、地点、价格、促销和业绩）行动方面保持一致性。

人们都需要一种使命感：他们需要知道他们工作的意义何在。什么是共同的使命感，即把我们团结在一起的共同的方向是什么？要重塑品牌，我们必须以一个共同的使命重新团结、重新激励我们的组织。

有两点很重要：

1. 制胜计划是动态的。它需要随着世界的变化而更新。如果没有更新制胜计划，品牌就会停留在过去，停滞不前，不利于竞争。

2. 品牌重塑的制胜计划（转型战略）不同于获得销售

增长的制胜计划（增长战略）。

首席执行官吉姆·斯金纳（Jim Skinner）任职期间，麦当劳高层继续对制胜计划的力量给予重视。媒体文章总是会提到，正是因为有了制胜计划，麦当劳的收益才会持续增长。然而，制胜计划并没有随着品牌的成功或与竞争环境的关系改变而发展。领导层没有制定旨在销售增长的制胜计划。

制胜计划是把一切都粘合在一起的胶水。如果没有一致的制胜计划，行动就会变得漫无目的、毫无章法、不合逻辑。行动就像是无头苍蝇，到处碰壁，最后看哪个行动碰巧奏效。

制胜计划始于品牌的宗旨和承诺，它需要回答这些问题：1）我们试图实现什么目标？2）我们承诺给客户什么样的品牌体验？

为了理解制胜计划如何实现企业联盟，有必要对制胜计划的 8p 进行概述。

总结：制胜计划

在制胜计划中，品牌宗旨是 8P 之首。一个品牌宗旨就是一次令人瞩目的宣言，它表明了品牌整体的意图和使命。而且，品牌宗旨必须为品牌定义一个清晰的方向，也就是组织和品牌的整体目标。企业宗旨定义了品牌的真正目标。企业联盟至关重要，企业上下必须为每个品牌制定一个明确的、共同的目标。

品牌承诺是制胜计划的第二个 P。品牌承诺是我们与顾客之间的协议。它概括了顾客和品牌之间的特殊纽带，表达了这样的承诺：如果你购买了我们的品牌，你将获得与众不同的品牌体验。品牌承诺总结了品牌的焦点，指导我们如何发展品牌和客户之间的关系。通过不断实践品牌承诺，我们可以确保我们的品牌是有相关度的、独特的、强大的、伟大的。

品牌宗旨和品牌承诺为制胜计划提供了一个明确的方向。确定了宗旨和承诺，要做些什么才能兑现品牌承诺、达成品牌宗旨呢？品牌宗旨和品牌承诺的有效性不是靠好的动机，而是要靠行动才能实现。于是我们需要借助行动的 5P——人力、产品、地点、价格和促销。这些行动的 5P 告诉我们要如何实现品牌承诺，从而吸引更多的顾客，让他们更频繁地光顾、更忠实于品牌，这样我们才能获得更多的利润。在兑现品牌承诺的过程中，5P 行动也定义了我们行动的优先级别。品牌重塑意味着对全部 5P 行动的彻底改造。

人才——提到顾客关系，特别是在服务行业，员工才是真正的第一线。内部的品牌荣誉感是影响外部品牌形象树立的关键因素。如果我们想要员工满怀激情和骄傲地提供超值品牌体验，就要告诉他们：我们对他们的工作以及他们的角色满怀激情和骄傲。我们必须为员工提供足够的资源和培训机会。人才管理和发展是第一要务。

产品（和服务）——这是品牌承诺真实性的有形证据。一个品牌需要具备相应的差异化，提供卓越的顾客感知价值。不断的改良和创新是成功的必要因素。产品和服务的改良和创新对于获得利润的持续性增长都非常重要。

地点——指的是顾客与品牌互动的任何地点。它可以是一个实体位置（例如，一间餐馆），也可以是各种设备上的一个虚拟位置（例如，一家网站）。无论这个地点是什么，都要记得，它是你的品牌的面子。

价格——这是消费者价值等式的重要组成部分。价格是值得信赖的品牌价值等式的分母，因为它是消费者的成本之一。价格不是价值，它是价值等式的一个部分。价值是顾客期望得到的品牌体验（功能、情感和社会效益）与他们花费的成本（时间、金钱［价格］和精力）的乘积。

促销——用一整套方法来提高品牌的认知度、熟悉度和顾客偏好。每一次的宣传活动都是一次品牌促销。

制胜计划为品牌设定了很高的标准。它反映了正确的、有纪律的战略思维所必需的远见和前瞻性。它规划了品牌发展界限，并设置了未来的发展焦点。

建立面向结果的文化意味着创造一种以产出可衡量的结果为基础进行评估的文化。在"法则 4：加强面向结果的企业文化"中，我们讨论了定义可衡量的阶段性成果的重要性和以经营及品牌业绩为基础进行奖励的重要性。业绩 P 意味着设计和实现一个全球系统范围的衡量计划，对其进展的监控必须跨越三年的年度里程碑。这些指标将用于评估 5P 行动计划的活动在实现品牌宗旨和品牌承诺方面取得的进展。

有了制胜计划作为品牌的路标，所有的管理单位都会联合在共同的目标、行动和评估指标之下。无论怎么说，这都不是个小阵势。制定一个制胜计划需要高管层主管们明确的和口头的支持，这是最基本的。任何影响如何评估和奖励员工的事情都是敏感的话题。管理层一定要为团结吹响嘹亮的号角，并且要成为鼓舞士气激发行动的领导。

以共同的制胜计划激励大家有这样几个好处，自最初发布以来，我们已经对此做了更新。

一个制胜计划就是一个重塑品牌价值的平台。它列出了品牌胜利要素的优先执行顺序，为品牌重塑创造了一个平台。

制胜计划简要地描述了关键的品牌要素，从品牌宗旨到品牌承诺，从 5P 行动到 5P 行动的衡量标准。缺乏一致性的经营和品牌建设会产生内部混乱。

在做对本区域有利的事情时，人们应该拥有一定的自由，但前提是在一个全球共有的框架之内。制胜计划说明了这些行动是什么，但没有说明这些行动在每个地区应如何实现。企业可以自由地在本区域做最好的事情。然而，这些指标却只针对全球范围。

制胜计划建立了一种企业共同遵循的透明度，以共同的品牌宗旨和焦点为基础，鼓励每个人朝着一致的方向努力。没有焦点就不能成功，焦点是基础。然而，在通往共同目标的道路上，不同的地点可能位于不同的地方，有些地点可能更接近最终目标。同样，框架内的自由也是如此。

制胜计划打破了部门和地域的限制，帮助组织成为一个有机的整体，协调行动。组织孤立会使组织受到限制：孤立阻碍了全球化学习，扼杀了创造力。

制胜计划是动态的，它有明确的 3 年目标。然而，如果市场发生了重大变化，企业必须在衡量标准中添加一个新元素，那么这种添加或改动是可行的。

2006 年，温蒂汉堡在临时首席执行官兼总裁克里·安德森的领导下，宣布了一项名为"温蒂成功秘诀"的制胜计划。为了使餐厅表现卓越，该品牌表示，它将专注于核心元素，这些元素使温蒂品牌成为质量和新鲜度的代名词。正如安德森女士所说，团队知道，温蒂与当前消费者的口味产生共鸣，所以温蒂将专注于产品创新、定向市场营销和运营优化。

这些只是温蒂制胜计划的一部分。[3] 我们提供此例旨在说明只有对品牌进行严格的思考，才能制定出一个正确的制胜计划。温蒂在首席执行官埃米尔·布罗利克（Emil Brolick）任内的几年表现不凡，现在看来，温蒂正在制定一项增长型战略计划，而不是转型计划。以下内容来自众所周知的公平披露报告。

◈ 温蒂重新定位了自己的品牌精髓，以温蒂的核心优势——汉堡业务为中心，推出了"优质新鲜汉堡"。

◈ 温蒂重塑品牌的计划包括：强调其主要竞争优势——更高的质量、更好的口味和新鲜的牛肉；充分利用人们喜欢的（大，多汁和多种口味）的三明治；并继续为新产品线注入活力。

◈ 温蒂已经创建了一个新的餐饮服务团队，以改善全系统的运营流程和标准。这个团队向首席运营官戴夫·尼尔（Dave Near）汇报，由执行副总裁艾德·崔（Ed Choe）领导，他在温蒂工作了 25 年，而且他曾管理过的许多餐厅的营业额都是整个公司中最高的。崔创造了一个新的功能系统，名为检验服务，由 31 名经验丰富的 QSC（质量服务和清洁）经理组成，他们将实施一个更彻底的餐厅和食品安全评估程序。

◈ 该公司计划乘势而上，推出新产品，强化其"品质新鲜"的品牌精髓，并为餐厅吸引新的消费者。该公司将在第四季度推出新的双熔汉堡，由两块新鲜的牛肉饼分层搭配奶酪、新鲜配料和其他口味制作而成。温蒂也在测试别的食品，如三明治、饮料、小吃和早餐。

◈ 该公司计划，继续改善其加盟商和温蒂系统的健康运行状况。

◈ 在未来 5 年内，该公司每年将会投资约 6000 万美元，以改善和翻新公司营运人员的伙食和就餐环境。

⬡ 该公司将在未来 5 年内拨款 1 亿美元，从加盟商手中收购餐厅，翻新后出售给经验更为丰富的加盟商。

⬡ 该公司每年将为加盟商提供约 2500 万美元的奖励金，鼓励他们在未来 5 年内对餐厅进行再投资。温蒂还计划在未来 3 年内向加盟商出售 400~500 家公司经营的餐厅，目标是总共运营 1000 家公司餐厅。

⬡ 温蒂将寻求推动现有业务之外的增长。该公司正在美国的 120 家餐厅测试早餐，初步结果非常乐观。该公司计划在未来 3 个月内将测试规模扩大一倍，并遵循产品开发和运营的严格流程，同时分析消费者的反馈意见。据估计，QSR 早餐市场价值 300 亿美元，早餐测试是公司的首要任务，可以为公司带来可观的销售额和利润。

⬡ 温蒂认为，从长期来看，它在美国有相当大的扩张机会，目前正在进行基础设施投资，以发展其国际业务。在餐厅收入和经营现金流改善之前，公司将继续放缓在北美的短期发展。

⬡ 温蒂正在重新设计其激励性薪酬计划，以推动未来的业绩。公司将根据净收入和投资资本改善回报率对员工绩效进行奖励。

⬡ 公司将继续维护其强大的企业文化，这一文化基于温蒂的创始人戴夫·托马斯确立的价值观。

制胜计划的含义

获得利润的持续性增长是商业经营的基本目标。通过削减开支、消除浪费、提高生产力来实现盈利是很重要的，但是，这不是长久的商业增长策略。虽然我们在老生常谈，但它是千真万确的：成本削减不能开辟你的未来。正如我们在第一部分"招惹麻烦的十二种行为倾向"中解释的那样，从根本上讲，削减开支不能实现持续的繁荣，反倒会让企业走上衰退的道路。除非我们创造出超乎寻常的质量增长，否则就无法实现最基本的持续性增长。为了实现高质量的收入增长，我们必须以盈利为前提，吸引更多的顾客，说服他们更频繁地光顾品牌，使他们更忠实于我们的品牌。实现利润的持续性增长的唯一途径是获得持续的品牌竞争优势，这样才能提高顾客感知到的品牌价值，实现盈利目标。

运用协作三箱模型

在当今世界，领导一个品牌的最佳组织结构是什么？

什么样的组织才能以既体现本地化、又能体现独特化的方式管理全球品牌？在日益本地化和个性化的世界中，组织管理全球品牌的方式是当前企业管理层关注的一个话题。越来越多的情况表明，矩阵管理是实现全球营销的一种途径。

但谁对管理结果负责任呢？责任是全球性的还是地方性的？那么个人又该如何融入其中呢？

我们看到了全球化的力量，它有优点（可靠性、安全性、一致性），也有缺点（同质化、标准化）。本地化也同样重要，这是一场营销海啸，正在改变我们思考和管理全球品牌的方式。随着全球化和本地化的发展，也出现了个性化的力量。对于大多数品牌来说，将全球标准化的想法强加于本地市场是行不通的。过度的全球标准化将导致过度集中的品牌管理的消亡。各区域必须担当起区域思想领袖的职责，而不仅仅是执行相隔甚远公司总部智囊团的想法。一个全球品牌如何向每个客户传递品牌独特性？日益增强的全球化、本地化和个性化的力量冲突对全球品牌和其组织提出了挑战：如何在全球化、本地化和个性化三股同时存在的力量中管理品牌。随着科技的迅猛发展，消费者开始意识到：1）全球化可以提高生产效率和熟悉度；2）反映并尊重当地差异化的品牌；3）重视产品和服务的个性化。

正如我们在《新品牌领导力》中所描述的，谈到领先的全球品牌时，他们的当务之急应该是从"全球移交到本地"的两阶段责任模式转变为三阶段的共同责任模式。我们认为，协作三箱模式是当今全球营销的最佳方式。

如今，全球品牌面临着更艰巨的任务。它们需要战胜冲突和混乱，满足顾客各种各样的需求。全球品牌管理需要一种跨地域、跨时间的"成功管理"新方法。旧的全球品牌营

销方法（全球标准化和全球到本地的责任模式）必须被 21
世纪反映时下问题的思想和规则所取代。我们需要一个分担
责任的全球品牌管理模式，而不是目前的"移交"模式。我
们需要发展一个新的协作三箱模式，它体现了共同责任
原则。

这个模型就是我们所说的共享责任模型。它需要品牌人
员之间的协作，它需要改变员工的责任和义务，改变我们思
考和合作的方式，以实现共同的品牌商业抱负。合作比对抗
更有效，也比孤岛思维——"让我按照自己的方式做事"更
有效。

正如本地化营销和个性化营销具有优势，全球营销也有
优势。然而，平淡、无差异、集中化的营销格局思维破坏了
这些优势，这种思维目光短浅，把世界看作一个整体。现
在，全球化与本地化和个性化共享舞台。在建立和培育跨地
域、跨职能品牌的同时，找到管理矩阵的最佳方式是 21 世
纪企业成功的关键因素。

协作三箱模式有三个阶段，我们在《新品牌领导力》中
详细介绍了这三个阶段：

1. 创造品牌愿景。

2. 定义全球品牌制胜计划。

3. 为品牌注入生机。

协作三箱模式是一种新的营销方法、规则和思维模式。
你如何管理品牌，就会如何管理企业。在全球化、本地化和

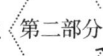

个性化的时代，协作三箱模式是管理品牌和企业的最佳方法。它需要清晰的工作描述，可能还会产生新的职责领域。有些人会因此闷闷不乐，有些人会拒绝改变他们的自我认知状态。但这种方法会让真正的领导者向前迈进。它确保品牌按照先锋营销和优化的财务纪律运转，它平衡了短期利益和长期利益之间的对抗，是一种强大的力量，可以用来对抗那些只关心"今年，本年度"增长额的人，他们总是回避真正的以品牌为驱动力、以客户为中心的战略和行动。

在今天，这六大法则依然非常重要，和我们 2002 年在麦当劳刚推行时一样重要。这些法则为品牌的思考和行动提供了一个规范的框架。这是一份保险，它保证团队将出于正确的理由，以正确的方式，让正确的人做正确的事情。然而，企业在紧急情况下可能会有所变动。在接下来的讨论中你会了解到，有很多方法可以使品牌避免麻烦，让品牌不受这十二种招惹麻烦的行为倾向的诱导。下面的内容将解释如何在掌握六大法则的同时，让你的品牌以可持续的方式继续发展，获得利润。

注释

〔1〕 Kroc，Ray，*Corporate Motto*，1979.

〔2〕 Kroc，Ray，with Robert Anderson，*Grinding It Out*，St. Martin's Paperbacks，1987，p110.

〔3〕 *Business Wire*，"Momentum of Wendy's Brand Turna-

round Continues to Accelerate as Enhancements in Menu Manage-
ment and Product Innovation Generate Significantly Improved Sales
and Margins,"October 12,2006.

第三部分

远离麻烦的十二条真理

导论

有时，在不知不觉中，一个伟大的品牌可能就被另一个
伟大的品牌所取代。保持领先意味着保持持续的警惕性、灵
活性、洞察力，制定强有力且具有相关度的战略，以及拥有
一个团结一致的拥护者联盟。这意味着品牌要提高值得信赖
的品牌价值，从而继续积累信托资本，意味着平衡短期利益
和长期利益，意味着拥有并坚持执行严格的财务纪律、运营
优化和先锋营销，也意味着你要与那些可能给你带来麻烦的
行为倾向作斗争，这些麻烦会让你的品牌陷入恶性循环
之中。

控制外界因素是不可能的。市场有涨有跌，地缘政治的
力量也在变化（衰落或增长），技术发展的速度远远超出我
们的想象，气候变化、人们管理生活方式的工具和策略、以
及他们相互联系的方式都在变化。但对品牌来说，它可以做

到内部自律，也可以拥有应对品牌周期、动荡期和稳定期的流程和人员。

在第二部分"回顾重塑品牌六法则"中讨论的六大法则提供了品牌经营的必要法则，但品牌可以通过实施一些重要的制度化措施来防止品牌走向衰落。

我们称之为远离麻烦的十二条真理：

1. 重视文化：克服文化阻力

2. 将变革制度化

3. 制定清晰的保持效益持续性增长的战略

4. 打破孤岛思维

5. 增强真实性

6. 重视人口统计学

7. 具备领导风范

8. 保持相关度

9. 从依赖当前的积极势头转向创造持续的积极势头

10. 建立明确的责任制

11. 改变奖励制度

12. 衡量结果

第一部分"招惹麻烦的十二种行为倾向"中描述的十二种行为，企业应该立即停止，而第三部分讨论的十二条真理是企业现在应该做的事，它们不仅仅是"好主意"，还是品牌获得持久盈利性增长的基石。实现这些真理绝非易事，因为无论什么时候，只要是与文化和组织变革有关的行动，都

会受到阻力。

记住，品牌不会自然消亡。它们可以失去活力，可以被压榨，可能被损坏；它们也可以拥有第二次生命，可以茁壮成长。如果管理得当，品牌可以长生不老。但领导者必须认识到，品牌不只是资产负债表上的一条线，不只是市场推广工作的一个标志。克拉克鞋、时代啤酒、吉百利、皇家代尔夫特、凯玛仕、占边威士忌、剑桥大学出版社、龟甲万、菲斯卡、嘉格纳和可口可乐等品牌已经存在了 100 多年，它们还将继续保持品牌影响力。这些品牌已经找到了适应世界变化的方法。菲斯卡是一家生产刀片、烛台和生铁的芬兰制造商，成立于 17 世纪中期，现在该公司还制造一些最受欢迎的园艺工具和烹饪工具，不仅包括剪刀和刀，还有平底锅。富世华，瑞典专业运动员和消费者户外动力产品公司，在 17 世纪时就已经存在了。

在一个组织内，跨越地域和职能创建品牌和企业的焦点是一项艰苦的工作，但回报颇丰。

真理 1:
重视文化：克服文化阻力

　　所谓文化变革，指的是在整个组织中建立一个以品牌为驱动力的思维模式和管理方法。许多公司表示，他们专注于打造伟大的品牌。然而，他们的衡量标准却与此相反。例如，一家全球公司坚定地表示，打造首选品牌是首要任务，但它的品牌管理计分卡上却没有设置品牌偏好指标。另一家公司花了数年时间，试图围绕公司的全球品牌进行宣传，但有几个地区的企业在各自的计分卡上甚至都没有提到它，也不遵守任何衡量该品牌的标准。

　　文化很重要。许多企业都在重新组织战略管理相关的图表和顾问矩阵流程图。有些企业变革和过程管理会使企业陷入一种文化沉睡状态。如果你用规则手册死板、封闭、机械地来指导每一个行动能够使企业获得成功，那么在道格拉斯·科南特之前就会有金宝汤了。如果企业文化平庸无奇，又因多次破产生出失败感，这样企业依然可以获得成功，那么在戈登·贝休恩之前就会有大陆航空了。如果你想知道麦当劳在 2014 年是如何陷入困境的，那就看看 2006~2012 年间发生的事，当时自满文化、文化傲慢与风险规避产生了极大的副作用。（请登录 www. ftpress. com/sixrules 查看麦当劳的案例史。）

文化变革不需要进行大量的重复。所有的文化都必须有持久的元素作为支撑，企业文化可用多种方式做一些有利于品牌和企业建设方面的事情。但文化变革需要领导力，我们将领导力定义为以下五种行为：

1. 激励：制定一个鼓舞人心的品牌愿景和目标。企业的抱负是什么？我们为什么要关心这些呢？永远不要低估激励的力量。当然，员工的盈利能力和在赚钱过程中对他们所扮演角色的认可，会激励员工更加积极、努力。我们最近合作过的一位领导者认为，让员工感觉良好是在浪费时间。他公开表示，销量和利润的增长才会让员工受到鼓舞，该公司发布了一段关于新战略的全员视频。这是一段关于人类机器人的视频，它们对品牌缺乏情感，也没有对自己的工作表现出兴奋。因此，该企业的品牌承诺跌至历史最低水平。

2. 教育：阐明为什么这个新愿景很重要。为了成功，我们必须做些什么与之前不同的事情，我们要怎么做？教育是一种持续的体验。这不是一门员工可以从人力资源课程列表中勾选的课程。教育是地理位置和工作职能之间的桥梁，它为品牌发展提供了一个公共平台。例如，麦当劳在 2002~2005 年的转型过程中，为了帮助员工理解所有的品牌变化，用多种语言开设了对所有人开放的在线品牌课程。在汉堡大学，品牌概念被引入到新门店经理的开业课程中。导论课程进行了更新，以展示最初的概念是如何与现代、当代的品牌变革相关和联系起来的。来自世界各地的内部和外部营销人员花了几天时间来了解新品牌精髓"永远年轻"活动和一项新活动——"我就喜欢。"教育是永恒的东西。在一个接受来自不同企业和品牌员工的企业环境中，他们都必须了解你的品牌和公司是什么样的。同时，他们必须学习新知识，与时俱进。我们曾与一位客户合作，他说，员工接受的教育越多，就会越相信品牌。然后，该客户连续 9 年都使用同样的教育产品培训员工，员工早就听不下去了。教育应该有所创新，而不是一潭死水。

3. 影响力：通过指导、体验和专业知识影响其他人的工作，而不是仅仅依靠直接的命令和控制。领导者必须是权威的合作引导者，能够将人们聚集在一起（统一团队），让品牌实行富有成效的行动。影响力非常强大。某客户想在 100 个国家建立一个新的全球通用的品牌管理计分卡，但遭受到强烈的抵制。一位寡言少语，但态度坚定的意大利研究员自作主张，为新的计分卡研究新的衡量方法，这花了他 6 个多月的时间，走访了 100 个与这些品牌有业务往来的国家，并说明了做出改变的理由。他还帮助编撰了一套培训材料。总有一些人不愿意成为团队成员，但他们采用了新的管理计分卡。相比之下，一家服务性行业的新任全球首席营销官（CMO）不欣赏区域团队的努力，他将品牌总部的领导派去各个国家，命令他们"告诉地区企业现在该做什么"。当这些企业被告知该做什么时，它们会去做，但不会为结果负责。在他任期结束时，这些地区将品牌总部团队孤立起来，对它厌恶至极，以至于品牌行动陷于停顿，品牌迷失了方向。在中世纪欧洲大学的经院哲学中，影响指的是一些短暂的物质的流动，或是指"为引起变化而采取的难以察觉或间接的行动"。[1]我们应将影响力视为企业和品牌的外交事项。虽然你无法把它握在手里，但不能忽视它巨大的力量。

4. 支持：这不仅仅是希望员工能有不同的表现，还要提供必要的培训和工具。我们提供有形的支持和情感上的鼓励和强化，帮助员工抵制回归旧文化的倾向。一些公司更倾向于内部支持，这与规模大小无关，而是文化倾向的结果。1989 年，一家食品和糖果公司决定对员工进行营养教育。该公司发现，公众对食品营养成分（包括颜色、配料加工、零食和饮料）的担忧日益加深（远远超过目前食品公司面临的挑战）。生物化学、运动营养、牙齿健康和饮食习惯等领域的学者脱颖而出，持有自己的观点和教学理念。他们不仅编写了企业内部的营养书籍和字典，而且还举行了一次为期 3 天的全球旅行研讨会，涉及所有与他们有业务往来的国家。世界各地的每个办公室都有"现场专家"，他们在那里回答有关营养的任何问题，无论是企业提出的还是个人提出的。

5. 评估：根据相关指标提供定期的进度报告。意味着我们认可和奖励那些以正确的方式产生正确结果的人，确保奖励与战略成果一致。人们想知道他们做得如何，又如何改进。因此，应该给他们有建设性的指导意见："告诉我应该停止做什么，告诉我怎样提高效率。"评估不仅仅是看员工是否完成指标，也应该实施奖励和认可。可以用一些个性化的方法实现结果，保持高昂的士气，并建立员工自豪感。记住，人力 P 排在首位是有原因的。

如果你的企业文化妨碍了品牌企业文化的建立，那就面对现实吧。建立一个以品牌为驱动力的文化，以获得利润的持续性增长为目标，这是一个行动和学习相结合的过程。

注释

〔1〕 Webster, Apple Mac Air dictionary.

真理 2：

将变革制度化

变化无时无刻不在发生。今天品牌周围发生的一切变化，你可能无从得知。数字广告业必须适应技术、设备和应用程序的变化速度，它远远快于人们的接受和适应能力。公司内部的变化通常始于一个"有变化"的开端。此开端，我们称为"改变计划"，它可以是一个项目、一门人力资源课程、一组幻灯片、一段视频、一个脚本、一个应用程序、一本词典、一个衡量标准（或一系列衡量标准）。在许多情况下，还有一大批年轻的初级顾问占用了大量的办公空间。我们与一些公司合作过，每当有新的领导出现时，就会出现一个新变化：新人新想法。如果你碰巧在一个每两年更换一次公司总裁或首席功能官的地方工作，你也有可能发生变化。但这不是我们所说的制度化变革。

品牌团队必须灵活，他们需要在必要的时候做出改变。

正如我们在第一部分"招惹麻烦的十二种行为倾向"中所说的，当世界改变的时候，继续做同样的事情必然会失败。然而，如果必须做出改变，企业环境也恰好有利于做出改变，这时最大的挑战便是如何确保品牌团队对做出变化持开放态度。在文化变革将要发生或正在发生的组织中，"成功实施变革绝非易事。为了确保变革的彻底性，文化变革的举措必须不断得到加强，广泛传播，得到组织高层的支持，并且要符合组织当时的实际情况。"[1]正如我们之前所说，教育对于加强变革和创造有利于变革的环境至关重要。

凯迪拉克的领导人相信，离开底特律将为这个品牌带来更灵活、更注重变化的文化。目前还不清楚凯迪拉克搬到纽约是否有助于员工专注于品牌重塑，使之成为可以与奔驰、雷克萨斯或宝马竞争的奢侈品牌。但总裁约翰·德·尼舍恩（Johan de Nysschen）认为，将品牌团队从底特律分离出来，不仅是引导品牌变革的一种方式，也是引导员工乃至客户变革的一种方式。他认为品牌形象完全可以被提升到新的高度，他希望有一个品牌团队，能够对他的想法持开放态度。德·尼舍恩离开底特律，对业界、分析师和独立的通用汽车都是一个冲击。他给出的理由是，纽约是全球创意中心，凯迪拉克需要注入这种创造性的能量。在底特律，人们对凯迪拉克的看法比较偏狭。[2]

品牌是动态的。品牌是一种积极承诺，承诺自己将为顾客做到什么。品牌在封闭、冷淡和缺乏活力的组织中表现不佳。为什么？因为品牌需要不断更新，品牌不会自然而然地在某个品牌生命周期中生存、灭亡。一个品牌可以长盛不衰，但前提是管理得当。这意味着团队必须对市场变化和满足客户需求的预期想法保持警觉。没有不断的创新和改良，品牌和企业就会停滞不前。正如最近一篇文章指出的，"想要获得可持续增长，品牌需要建立一个持续的更新周期。"[3]

当品牌战略与品牌文化不一致时，文化比战略更为重要，文化总是赢家。只有文化与战略相适应的情况才是最好的情况。品牌需要支持性的、灵活的文化。如果文化不活跃，规避风险——换句话说，不愿改变，不灵活，不愿接受新思想——那么说明文化严重失调。[4]这里有一个例子。

有一家制造公司，工程师数不胜数。它的企业文化规避风险、保守、传统又自负，非常死板、顽固。制造业的负责人曾经拒绝了一个非常好的主意，因为接受它意味着要改变生产线上的一些东西，并且必须对员工进行再培训。该公司的一个竞争对手却使类似的产品进入市场，改变了市场。所以该公司决定让自己变得更具创新性。因此，这家制造公司花了数百万美元找了一家创意咨询公司，教全世界的管理人员（大多数人都已获得工程学位）如何变得更有"创意"，考勤是强制性的。员工们参加了各种有趣的研讨会，玩了一年多的游戏。合同结束时，顾问与所有相关管理人员举行了一次"创意日活动"。顾问告诉经理，他们现在是"创造性思考者"，"创意日"的目标是充分展现新获得的创造性技能。这次活动是为了创造最有创意的烤面包机，但它却成了一次令人尴尬的失败经历。公司举办了所有这些"创意工程"，却没有花费精力真正改变文化环境。在一个抵制创造性的文化中，有创造性的想法有什么用？没有人比一年前更愿意创新。现在，员工明白一切都是徒劳的，他们的希望破灭了。对于这群人来说，唯一的好消息是（供应链部门）新主管的演讲，他主张"成本削减"。他告诉听众，某个部件由 200 多个不同的供应商供应，他会把这个数字减到 2，全场听众起立为他鼓掌。那是那一年公司进行的规模最大的"创造性"改革。

注释

〔1〕 de Chernatony,Leslie,and Susan Drury Cottam,"Interactions Between Organisational Cultures and Corporate Brands," Journal of Product Brand Management,2008,Vol. 17,No. 1,p13.

〔2〕 Ulrich,Lawrence,"Cadillac Has New Boss,New Address and Big Plans,"The New York Times,August 21,2015.

〔3〕 Adolph, Gerald, and Kim David Greenwood, " Grow from Your Strengths: The Only Sustainable Way to Capture New Opportunities Is to Remain True to What Your Company Does Best,Strategy Business,Autumn 2015,p38.

〔4〕 Ibid. ,de Chernatony,Leslie, and Susan Drury Cottam.

真理 3：
制定清晰的保持效益持续性增长的战略

　　我们计划如何让品牌实现目标？这是制胜计划的根本驱动力：制胜计划是什么？我们如何保持效益的持续性增长？企业必须平衡短期利益和长期利益，必须以品牌管理为导向。作为一种战略，它不该是一系列互不关联的战术，这是不可行的。否则，当一个品牌陷入困境时，该计划就会恶化为缺乏明确战略的战术行动。

　　品牌战略不是活在真空里的，它需要依托企业的目标和抱负。企业宗旨是一种力量，为企业的所有思想和行动提供指导。一切的公司业务都是为了打造一个持久的、盈利的、不断增长的、受欢迎的品牌，无论是公司品牌（例如通用电气）还是公司的品牌组合（宝洁：汰渍、佳洁士、速易洁、纺必适等等）。公司必须决定是否要成为一个以品牌为导向的组织，这意味着品牌是每一个决定和行动的中心。这意味着，从首席执行官到董事会，再到整个企业的每个人都要相信，我们如何管理品牌，就会如何管理企业。品牌战略必须符合公司规定，并在公司规定的优先事项范围内运作。

品牌战略面临的问题之一是，许多人对品牌战略的定义是错误的。例如，如果你在 nexis. com 上搜索有关品牌战略的文章，你会发现它们主要关注媒体，尤其是数字平台、图像、标识和其他战略方法。但品牌战略远不止这些。它是一项行动计划，有助于明确品牌的方向以及在这个方向上取得的进展。在我们 Arcature 公司制定的保持效益的持续性增长的方法中，战略发展过程是这样的：

1. 我们现在处于什么位置？

2. 我们想去什么位置？

3. 我们打算怎么去那里？

4. 我们将如何执行这项计划？

5. 我们将如何衡量进展？

"我们现在处于什么位置"定义了品牌、竞争对手和整个环境的当前状态，包括当前的客户群体。"我们想要去什么位置"阐述了品牌愿景：我们可能实现的梦想是什么？"我们打算怎么去那里"则是制定战略；这与广告和信息传递无关，而是设计制胜计划。这是你为实现品牌愿景采取的策略。"我们将如何执行这项计划？"与媒体、标识、图像等有关。当人们认为一个品牌的战略就是商标、媒体和信息传递时，营销就变成了一个低级的工作。品牌战略必须成为企业高管的首要任务，品牌战略必须是一项关乎企业发展壮大的计划。"我们将如何衡量进展？"听取或阅读公司在分析师会议上如何陈述其优先事项，是一个很好的衡量指标，可以用来判断公司已经制定出实际的战略还是只列出了表格。例如，在 2015 年 5 月初的一次分析师会议上，麦当劳披露了其转型的重点。他们计划通过削减成本重组公司和金融工程，重新特许经营 3500 家餐厅，并在 2015 年向股东返还 80 多亿美元。但是，它没有定义共同的、明确的目标和品牌承诺。谁是麦当劳的目标受众？麦当劳的目标是满足哪些相关需求？客户定义的竞争环境是什么？麦当劳如何成为同类之最？如何产生值得信赖的品牌价值？品牌如何建立信托资本？

真理 4：

打破孤岛思维

  组织的孤岛思维阻碍了顾客对品牌的整体感知，顾客感知不到持久的盈利性增长所需的值得信赖的品牌价值，孤岛思维是品牌成长和管理的障碍。而且，孤岛思维不利于品牌和企业合作。由于受到这种思维的影响，员工会逃避工作责任。它既不利于企业发展，也不利于品牌发展。在一个崇尚分享和融合的世界里，孤岛思维却让人与人之间相互隔离。

  孤岛思维是有可能避免的，但做到这一点需要公司领导层有强烈的愿望。有一本关于"孤岛思维"的新书，讨论了脸书如何有目的地组织和创建一种反"孤岛"精神，以避免自己重走微软和索尼的老路。在发表于英国《金融时报》文章的节选中，作者回顾了脸书为防止"孤岛思维"（silo）的僵化效应渗入到公司的成长过程中所采取的措施。脸书认为，因为自己建立在友谊的基础上，所以它会将类似的方法应用到个人互动上。脸书采取的措施有两个目的：首先，如何才能在拥有专业团队的同时又不失去创造力和共享能力？其次，当团队被划分成不同的部分时，如何防止员工形成顽固僵化和唯我独尊的思维模式？例如，这本书回顾了太阳微系统公司（Sun Microsystems）在一次又一次的分裂中所发生的事情，这些事件致使员工变得孤立和僵化。[1]

注释

〔1〕Tett, Gillian, "Go Mingle, Have Fun: Big Businesses Often Split into Compartments and Self-Contained Pockets of Knowledge, or Silos." In this exclusive extract from her new book, The Silo Effect, Gillian Tett finds how bootcamps and 5am breakfasts keep Facebook connected, *Financial Times*, August 22–23, 2015.

真理 5：
增强真实性

Authentic 这个词来自希腊语，意思是"无可争议的起源"或"真实的"。不幸的是，就像其他很多词一样，"真实"已经像"天然"一样被淡化了。例如，"天然"被用来形容"有益健康"的食物。然而，一种化学物质虽然可能来自"天然"成分，但仍然对人有害。卡拉胶的天然成分来自海藻，它被用于所谓的"天然"食品以及一些有机食品中，以防止食品成分分离。问题在于：研究表明，食用这些食品可导致慢性疾病，如炎症性肠病、类风湿关节炎和动脉硬化。

"真实性"的定义特别宽泛。

"通常，真实性是指真实、现实或既定的事实。它也被定义为真诚，纯真和与原创相关的概念，如自然、诚实、简单、朴素。消费者体验真实性的方式不同，他们可能会基于对一个物体的兴趣和知识，使用一系列的线索来评估一个物体的真实性。真实与不真实之间的区别往往是主观的、社会的或个人建构的。这是一种个人体验的行为，是自我授权和自我决定的行为。"[1]

在 2015 年 11 月 15 日的《纽约时报》旅游增刊上，有一篇关于真实性的内幕新闻报道。这篇文章的副标题是"今天的旅行几乎总是要费尽周章地追寻'真实'。然而在全球化的时代，当麦当劳薯饼汉堡和泰姬陵一样很印度，'真实'这个词是不是失去了意义?"[2]

如今，真实性不仅与现实的真相有关，还与透明度（尤其是在企业社会责任中）、工艺、手工制作和"接地气"有关。例如种植食物的方法、食物的来源，以及食物加工或工业化的程度。传统的东西是真实的，但在传统和过时之间有一条微妙的界线。品牌需要最大限度地利用传统，同时又不要过于脱离自己的根基，以免失去真实性。正如《经济学人》在熊彼特（Schumpeter）专栏中指出的那样，那些"萎靡不振"的品牌正在滥用真实性。具体来说，"真实性被兜售为一种恢复消费者对日益衰退的品牌忠实度的方法。""不过，好消息是，人们可以接触到大量信息，对营销花招抱有警惕性，这样他们就能嗅出伪装出来的真实性。"作者指出，如果你的产品具有"一些现实生活的品质"，那么真实性就更容易显露。以美国精酿啤酒行业为例。随着饮酒者开始拒绝大众市场酿酒厂生产的淡啤酒，截至 2014 年的 5 年里，精酿啤酒的市场份额几乎翻了一番。啤酒消费者认为本地的纯手工包装啤酒更加正宗。[3]

　　与透明度或缺乏透明度有关的一个例子是新推出的转基因标识。一些食品供应商过分重视食品和饮料中的转基因成分，使得他们以一种相当不真实的方式行事。在最近的一份报告中证明，在标签上加上"非转基因"（non - GMO）字样，即使不是非加不可，它依然可以成为能增加产品销量的一种有效方式，有趣的是，还能增加产品的真实感。记者提到一个种植有机生菜的人，他种植的是外观完美的有机生菜。生菜的卖相不错，有传言说他的种子里一定有转基因成分。后来，该种植者获得了两种不同类型的非转基因生菜认证，现在生菜的真实性不再受到质疑。另一个例子是盐。一家盐生产商在包装上贴上了非转基因标签，由此推断出这种盐没有转基因成分。但是，盐根本就没有基因，所以贴标签根本没有必要。但是，在当今世界，非转基因食品已经成了产品真实性的一种证明。[4]

　　然而，真实性是相对的。拉斯维加斯威尼斯人的运河和广场是真的吗？一些人认为它们是真的。但对另一些人来说，这些东西甚至算不上真正的复制品。弗吉尼亚州威廉斯堡的殖民地是真的吗？有关它的一些历史性解释是真实的吗？卡特里娜飓风摧毁了新奥尔良。随着这座城市继续复兴其周边地区（"城市再生"），它正学习如何在展望未来的同时平衡过去。或者，正如爱丽丝·拉塞尔斯（Alice Lascelles）所说，"这些天来，新奥尔良在保护过去的同时找到了自己现在的身份。"这座城市有历史，它将变得更加勇敢，但同时它也应该是现代化的。它的真实性取决于人们如何看待它与现在和未来的关系。[5]

网络世界放大了人们对真实性的需求。保证真实至关重要，因为人们很快就能发现虚假的东西，尤其是千禧一代和他们的下一代，后千禧一代或 Z 代，他们对虚假的东西很敏感。社交媒体应该做到诚实和透明，真实性有助于关系的建立。[6]品牌新闻学是一种通过真实和诚实的方式讲述品牌故事来强调真实性的方式，讲述品牌背后真实、完整，与顾客息息相关的故事。寻找不同的方式将故事传达给品牌的不同受众，使传播更加真实。

我们必须用真实性指导品牌的行动和精髓。在这个充斥着数字和信息的世界里，我们无处可藏。只说不做会给品牌真实性打上一个坏标记。可口可乐公司目前正面临着这种情况，因为人们质疑它对抗肥胖的动机。

先锋营销意味着要谨慎对待一个品牌的传统，也意味着要确保事实真相没有被掩盖。先锋营销对品牌的真实性负有责任。无论该品牌拥有历史还是正在创造历史，在虚拟关系成为常态的环境中，真实性都具有重要意义。

注释

〔1〕 Napoli, Julie, Sonia J. Dickinson, Michael B. Beverland,

and Francis Farrelly, "Measuring Consumer-Based Brand Authenticity," *Journal of Business Research*, 67, 2014.

〔2〕 Iver, Pico, "Keeping It Real," *The New York Times*, Travel supplement, November 15, 2015.

〔3〕 Schumpter, "It's the Real Thing: Authenticity Is Being Peddled as a Cure for Drooping Brands, *The Economist*, November 14, 2015.

〔4〕 Brat, Ilan, "Food Goes ' GMO Free' with Same Ingredients," *The Wall Street Journal*, August 21, 2015.

〔5〕 Lascelles, Alice, "New Orleans Fizzes Again," *Financial Times*, August 22–23, 2015.

〔6〕 Glendinning, Amy, "The Big Social Media Conference: The Importance of Authenticity; Businesses Seeking Engagement Through Twitter, Facebook and Other Platforms Were Advised to ' Keep It Real'-and Find the Stories Behind Their Brands," *manchestereveningnews. co. uk*, July 10, 2015.

真理 6：
重视人口统计学

可以肯定的是，除了发生一场全球性的灾难会使人口结构发生变化，一个充满不确定的世界同样能使人口结构发生变化。例如，过去几十年关于家庭规模和生育率的数据不仅影响着成熟经济体，也影响着新兴经济体。有关青年人口的数据显示，更多的失业青年生活在中东和非洲部分动荡不安的地区。

我们生活在一个老龄化与年轻化并存的世界里：婴儿潮一代寿命长，千禧一代也一样。当前这种双峰型的人口结构为品牌提供了机会，因为婴儿潮一代拥有可自由支配的收入，而千禧一代主宰着社交媒体环境，改变了我们相互沟通和联系的方式。这些人口发展的力量已经影响了中国的独生子女政策。2016 年 1 月 1 日，中国政府放弃了独生子女政策，因为现在有很多老人没有孩子照顾，而在推动经济发展的行业里也缺少年轻人。

这两个庞大的年龄群体有着不同的世界观、不同的价值观和不同的复杂性，给品牌提出了一个有趣的难题：应该将哪一个年龄群体作为目标？品牌需要做出哪些改变？这是一个有趣的挑战，不仅涉及产品和服务方面、沟通方面，还包括产品的包装设计。对于婴儿潮一代，产品需要考虑使用易于打开的罐子，安装不需要拧的门把手，注意字体大小，餐馆照明，酒店的淋浴和浴缸，以及代客泊车等事项。对千禧一代来说，食品、饮料和化妆品需要考虑原产地；应由同行而非专家进行评级和评价；不论金额大小，应使用非现金交易；在人们遇到瓶颈和浪费时间的方面提供更多的技术服务；全天候使用移动设备解决问题。

目前，这些人口统计因素正在影响所有行业和组织内部。只要跟人力资源团队谈谈婴儿潮一代和千禧一代在需求和要求上的不同就行了。人口统计学以许多不同的方式影响着品牌和品牌团队。例如，几年前就有一份报告指出，千禧一代面临的最大问题之一是他们的孩子缺乏日托服务。对许多千禧一代来说，日托是他们负担不起的。正如我们提到的，千禧一代不是单一的存在：最年长的出生在20世纪80年代早期，他们已经有孩子了，或是正准备生孩子，因此他们缺乏负担得起的托儿服务。经济衰退和随之而来的工资缓慢增长让年长的千禧一代陷入困境。因为生育率太低，托儿行业没有增长。此外，保育人员如何对待孩子和保险的问题，也阻碍了负责任的儿童保育的发展。[1] 如果你认为这只会影响企业和它提供的"额外津贴"，那就大错特错。没有托儿服务意味着父母必须作出其他安排，这可能会影响到一些简单的事情，比如外出就餐。

过去，调查问卷的"人口统计"部分总是被忽视，还被放在最后一页。企业需要收集这些被忽视的信息。如今，人口统计数据凭借非凡的数据挖掘和管理工具，为新的以客户为驱动力的洞察方式提供了基础。数据显示，千禧一代不仅仅是单一群体，它至少包括两个群体，因为年龄较大的群体已经 30 岁或即将 30 岁，而年龄较小的群体刚刚完成大学学业。于是，市场营销的机会可以实现最大化，因为一个品牌在制定战略时，可能会同时考虑两个不同的庞大群体——婴儿潮一代和千禧一代——而且还要考虑千禧一代的两个不同的群体。

在"倾向 12：无视世界变化"中，我们讨论了全食超市为年轻消费者创建新品牌的决定。这种新的、更小的形式、更实惠的产品将比全食超市更时尚、更酷，该策略是为了吸引那些不经常光顾全食超市、更有成本意识的年轻人。新商店将拥有更多的技术支持，这不仅会降低劳动力成本，还会吸引精通技术的几代人，这些人普遍认为全食超市的东西太贵。该公司创始人兼首席执行官约翰·麦基（John Mackey）认为，这种演变是"与时俱进的"。新一代想要一种更亲密的购物体验，就像乔氏超市一样。[2] 正如《彭博商业周刊》所指出的，千禧一代是吃有机食品长大的，所以有机食品对他们来说没什么特别之处。他们并没有被有机食物弄得"眼花缭乱"，没有什么标志可以证明产品的品质优良。不过，千禧一代要求企业做到公开透明，这给所有可能需要更换标签的供应商带来了负担。[3] 例如，他们的父母和祖父母可能不得不带着空罐子去商店买有机花生酱，但千禧一代对各种包装精美的有机坚果酱有着丰富的经验。

2014 年，金宝汤意识到人口结构的变化正在影响汤品的销售。正如首席执行官丹尼斯·莫里森所说："……我们的行业正受到人口结构变化的深刻影响。关于千禧一代和拉美裔消费者在美国的日益增长，以及婴儿潮一代的大量人口演变，人们已经说了很多。但是我们还应看到家庭的定义以及家庭组成和动态方面的深刻变化：今天的家庭日益变得不同于传统家庭，多代未婚、单亲和多文化背景家庭比比皆是。现在，55% 的美国家庭里只有成年人，他们的屋檐下没有孩子的身影。这是一个令人震惊的转变，对食品行业有着巨大的影响。"[4]

位于佛罗里达州的房地产实体安可资本管理公司（Encore Capital Management）刚刚宣布了一项新的度假开发计划，其中有一个有趣的想法。新的开发项目将占地 340 英亩，靠近迪士尼乐园。度假村将迎合几代游客的需求，他们渴望"有意义的家庭旅行体验"。"这些住宅可以供大家庭居住，每间住宅将有 5 ~ 12 间卧室。跨代旅行的想法并非是某个人一厢情愿。美国汽车协会（AAA）在 2014 年 5 月进行了一项研究，其结果支持了这一观点。36%的受访者计划在未来 12 个月内与他们的孩子、父母或祖父母一起旅行，这类人比前一年增加了 4%。美国退休人员协会（AARP）进行了一项类似的调查，结果显示，45 岁以上的人中，有 47%的人都在计划跨代旅行。[5]

德国一半的人口年龄都在 45 岁以上。（在发达国家中，只有日本老年人口所占比例较高。）目前，27%的人超过了 60 岁，每 20 人中就有 1 人 80 岁以上，这对劳动力的影响是巨大的。谁将在经济行业工作？经济行业可是欧洲的动力源泉。德国正在重新思考如何在一个生育率不断下降的环境中管理国家。这些行业需要有技术的年轻工人，但很难找到这类人才。一些公司在人口老龄化的现状下谋发展。服装连锁店阿德勒（Adler）在广告中宣传，所有体型的人都能在这里找到适合自己的尺码。该公司明白，虽然随着年龄的增长，人的体形会发生变化，但他们追求时尚的心却没有变。[6]

注释

〔1〕 Roman, Erin, " Millenn-ials' Biggest Problem？ Day Care," *Bloomberg Businessweek*, August 24−30, 2015.

〔2〕 Gasparro, Annie, and Jesse Newman, " Whole Foods： Now in Two Different Flavors," *The Wall Street Journal*, May 8, 2015；and, Gasparro, Annie, " Whole Foods Plans New Store Concept, *The Wall Street Journal*, May 7, 2015.

〔3〕 Giammona, Craig, "Whole Foods or Walmart?" *Bloomberg Businessweek*, May 18-24, 2015.

〔4〕 *FD (Fair Disclosure) Wire*, Campbell Soup Company at CAGNY Conference-Preliminary, February 19, 2014.

〔5〕 Friedman, Robyn A. , "Project Plans to Span Clans," *The Wall Street Journal*, August 19, 2015

〔6〕 Wagstyl, Stefan, "Germany's Rapidly Ageing Population Is Making It Harder for Companies to Find Enough Workers and Threatening Its Position as Europe's Largest Economy. But Angela Merkel's Policies Are Not Helping," *Financial Times*, August 25, 2015.

真理 7:
具备领导风范

关于领导者风范有一个有趣的讨论：领导者首先应该做什么？许多商业观察家、作家和学者认为，领导者应该花时间思考她将在组织中体现出怎样的领导能力。辩论中的一方认为，领导人在采取行动之前应该深思熟虑，他们应该集思广益，好好反省。辩论的另一方是欧洲工商管理学院（Insead）领导力与组织行为学教授埃米尼亚·伊巴拉（Herminia Ibarra）。在这场辩论中，她的观点是，新领导人应该避免长时间反思自己的管理角色，而是务必采取行动。成为一个称职的领导者需要行动，而不是一味地思考。领导者应该首先采取行动，因为"做领导的经历会改变你的思维方式和个人发展方向"。

伊巴拉博士认为，领导者不应该只关注自己的洞察力，而应该更有"远见"，即从工作经验和工作互动中总结知识。

269

我们刚刚讨论了真实性。伊巴拉博士指出，我们生活在一个"诚信领导"的时代，其概念是，领导者应该摆正自己作为一名领导者的身份。然而，她表示，尽管做到这一点很好，但它不是领导者工作的起点。在自我反省上花太多时间是没有成效的，因为它会"在我们需要航行于未知的水域时，把我们锚定在过去。"相反，有远见可以帮助你摆脱过去的自负、旧目标和旧习惯，给领导者带来新的相关的目标。"[1]

我们所经历的大多数成功的转型，都是领导人在没有反省的情况下突然采取行动的。如果房子着火了，现在不是考虑它为什么会着火的时候，我们的目标应该是赶紧把火扑灭。一旦火灭了，你有足够的时间来思考为什么你是指定的消防队长，需要怎样重建房屋。这些领导人把"傲慢"和"自负"放在一边，立即扑灭了威胁公司及其品牌生命的大火。

品牌也需要扮演领导者的角色。品牌领导者应该做到透明、正直、诚实、可信、权威、负责任和真实。2005年，国际品牌集团在一份品牌声明中指出，3000个品牌中，领导力是与品牌长期价值最紧密相关的特征。但作为一个领导者，应该认识到品牌已经改变了。国际品牌集团表示，现在的竞争环境与过去大不相同，过去，规模和实力才是最重要的。如今，领导品牌必须遵循一种"更新的、活跃的、议程设置型的领导方式，这种领导方式从内到外贯穿于哲学和运营的所有领域。领导品牌还需要承担起责任，解释品牌推广更广泛的好处在哪里，并越来越多地表现出对当地文化的敏感性，以便能够继续在世界上任何地区经营（努力做到受大众欢迎）。品牌可以联合强大的社会和经济开发商的影响力。"[2]领导品牌意味着品牌必须成为一个可见的、真实的、权威的历史遗产的象征，或是成为一个有创造力的品牌，并且对它在未来的位置有所憧憬。品牌领导力来自教育、激励、影响力、支持和评价五个方面。

具备领导风范需要落实自己做出的承诺，但落实承诺必须遵守新的规则。仅仅"说到做到"是不够的，还要做到真实、可信、负责任，品牌必须以正确的方式，让正确的人做正确的事，最终实现品牌承诺。当涉及到社会责任时，这一点尤其必要。在一个可以立即辨明真假的世界里，为了提升品牌形象，应允了一件事却不兑现是毫无意义的。目前，洁西卡·阿尔芭（Jessica Alba）旗下的婴儿和儿童纯家居以及婴儿用品公司 Honest Company 正面临着压力，顾客认为该公司的防晒霜不合格。许多用户抱怨无论是自己或是家人都有晒伤的经历，尽管产品的标签上标有很高的防晒指数。该公司表示，这些产品符合政府标准，他们正在努力解决这个问题。相比之下，麦当劳认为政府玩具安全标准不够严格，因此它制定的标准明显高于政府。

2006 年，美泰（Mattel）总裁尼尔·弗里德曼（Neil Friedman）对媒体表示，是时候（再次）修复芭比娃娃的形象了。像贝兹娃娃这样有竞争力的洋娃娃对芭比娃娃的销量

影响很大。"忘掉别人在做什么，我们要专注于做一名行业
领袖。既然我们是领导者，就要具备领导者风范。"[3]

注释

〔1〕 Dillon, Frank, "Looking Forward and Learning by Doing Beat Backward Introspection: Professor Herminia Ibarra of Insead Believes Top Managers Develop in Their Job Through Experimentation," *The Irish Times*, April 6, 2015.

〔2〕 Interbrand, "10 Branding Insights and Opportunities from Interbrand," *Bizcommunity. com* (*South Africa : Marketing and Media*), March 29, 2005.

〔3〕 *Los Angeles Times*, "Mattel President Plays with Barbie's Image," June 19, 2006.

真理 8：

保持相关度

永远不要与客户、客户的需求、场合和竞争对手失去联系；永远不要把你的注意力从世界变化的方式上转移开来。要有预见性和灵活性，利用研发预见未来，了解你的品牌如何在不断变化的环境中保持相关度。有没有其他的方法可以让品牌利用自己的权威推广一些新创意？

数码胶卷接手卤素体（图片处理方式），象征着柯达失去了立足之地。当柯达为自己的过去辩护时，富士则专注于创造自己的未来。富士发现，自己本身并不从事"胶卷"方面的工作，它研究的是分子和元素。董事长重隆小森（Shigetaka Komori）看到了更广阔的前景，他将公司的重心从胶片转向了科学，实现了富士的多元化，使其免受胶片行业严重衰退的影响。目前，富士正在将胶片技术应用于护肤领域，这是一项价值 8070 万美元的业务。公司的科学家明白，用于胶卷的明胶来自胶原蛋白，而胶原蛋白对保持肌肤年轻来说是一笔大买卖。此外，富士正在研发治疗埃博拉的药物、抗衰老药剂和进行干细胞研究……所有这些都建立在胶片技术的基础之上。现在，富士公司继续研究胶片科学，研究医疗保健方面的风险，而柯达公司已经破产。[1]有趣的是，富士胶片要求员工想一些使用胶片元素的新方法。该公司拥有技术和科学专业的历史背景，可以通过不同的途径改变企业发展方向，使品牌拥有更健康、更美好的发展前景。

伟创力公司曾是一家生产路由器、个人电脑和各种基本电子产品的原始设备制造商。这家拥有 46 年历史的公司认识到，"物联网"将对他们的业务产生巨大影响。伟创力希望这种影响是积极的、可盈利的。因此，该公司决定重塑自身，以在快速变化的数字、移动、信息和技术世界中保持相关度。公司看到了自身的发展空间，它（现在叫 Flex）设计了 130 个组件，帮助小公司更快地"组装"自己的设备，而不需要麻烦供应商。Flex 现在有 23 个研发实验室，客户可以在那里与 Flex 工程师利用 Flex 硬件和软件一起工作，以生成产品原型。这种新的电子学方法是否有效还有待观察，毕竟公司的收入增长很少。[2]然而，能够发现自己失去了相关度，并采取相应的措施，总比走 Radio Shack 的老路要好。

计算机芯片巨头英特尔（Intel）正在投资用于云计算的软件。据报道，英特尔预见到了未来，它的一些老朋友则没有做到这一点。工业规模计算中心的芯片主管最近说："一个新的世界正在到来，这是不可避免的。每个人都必须采取不同的行动迎接新世界的到来。"[3]

我们之前讨论过，一些主要的工业食品品牌已经失去了相关度。随着卡夫与亨氏合并，卡夫的未来众所周知：它似乎正在关闭工厂，无情地削减成本。然而，对卡夫亨氏的事后调查说明了当品牌与客户失去联系时会产生什么后果。研究公司泰克诺米克的首席执行官鲍勃·戈尔丁（Bob Goldin）指出，在过去 3 年多的时间里，卡夫（Kraft singles）（加工奶酪产品）和清凉维普（Cool Whip，最近才加入了奶制品行业）等品牌的收入一直在下降。"现在这些大型食品品牌已经过时了。消费者并不认为它们具有相关度。"[4]分析师和新公司的内部人士显然都认为卡夫的标志性品牌没有增长潜力。卡夫前首席执行官约翰·卡希尔（John Cahill）在被问及亿滋国际解体时直言不讳："很明显，我们的世界变了，我们的消费者变了，而我们的公司却在原地踏步。"这是卡夫被任命为首席执行官仅仅两个月后的事情。观察家、专家和分析人士说，这些品牌已经存在了这么久，要改变消费者的行为和态度将极其困难。正如一位分析师所说，卡夫在其部分产品中取出了人造成分，这是一个很好的举措，但这并不等于消费者可以相信卡夫产品的真实性。[5]世界发生了翻天覆地的变化，人们不再认为加工过的、人工添加的、工厂生产的食品方便、健康。在 20 世纪 50 年代，神奇面包的漂

275

白白色切片面包被视为一种神奇的产品，包装上有红色、黄色和蓝色的气球，表明它注射了维生素和矿物质。好妈妈会给孩子们买三明治和神奇面包。现在，妈妈们不再把加工过的白面包放在孩子的午餐盒里，更不用说放在购物车里。

有人认为一个资深的、标志性的、规模大的、传统的品牌不能改变人们的想法，这是不可取的。我们 2002 年刚到麦当劳工作的时候，公司就存在这种消极心态。公司内部人士表示，麦当劳品牌已经见顶。由于存在失败主义的立场，杰克·格林伯格（Jack Greenberg）领导下的公司选择了多样化经营，包括 Chipotle、Boston Market（烤肉和马铃薯连锁餐厅）、普雷特公司和 Donato's Pizza 等品牌。这些品牌似乎是麦当劳未来的发展方向，但麦当劳品牌的增长潜力有限。因此在 2003 年，吉姆·坎塔卢波（Jim Cantalupo）将精力和资源再次集中于重塑麦当劳品牌。

麦当劳制胜计划的目标是让麦当劳产品更具相关度。通过关注客户，关注他们的需求和场合，以及关注在特定场合满足顾客需求的新产品，与产品相匹配的定价策略，并使用我们的新方法——品牌新闻学来实现这一点。通过改变麦当劳与其代理合作伙伴的合作方式，麦当劳利用框架内的自由创造了新的沟通方式，它着眼于创意本身的大小，而不是着眼于产生创意的国家或办公室的大小。

不像重建信任需要花费大量的时间，相关度可以迅速得到恢复。相关度的恢复取决于对客户和品牌有意义的新闻。

当然，这是一项艰苦的工作，或者像《彭博商业周刊》所说的那样困难重重。但如果你相信这个品牌，就值得一试。或许，为了再次与市场保持相关，该品牌必须将重心转移到其他领域，就像富士胶片所做的那样。但是，通过合理的资源配置和坚持不懈、充满激情的信念，品牌可以重新焕发活力。比如，日产再次变得相关，李维·施特劳斯正在研究与瑜伽裤相关的东西，GAP 重新把精力集中在保持相关度上，雀巢正在制作瘦身餐。在这个世界上，除非你开酸奶吧，否则"冷冻"绝不是一个好词。

几十年前，天联广告公司指导工作的流程十分严格，该流程从了解你的主要客户和潜在客户的问题开始。只有这样，你才能获得突破性的新闻。这仍是更新相关度的一个好建议：了解你的主要客户和潜在客户，了解他们的愿望和顾虑分别是什么。

注释

〔1〕 Khan，Natasha，and Kiyotaka Matsuda，"Reinventions：Fujifilm Develops a New Focus，"*Bloomberg Businessweek*，August 24-30，2015.

〔2〕 Burrows，Peter，"The Foxconn of Bath-room Scales，"*Bloomberg Businessweek*，August 24-30，2015.

〔3〕 Hardy，Quentin，"Intel to Invest in a Big Way in Software for the Cloud，"*The New York Times*，August 24，2015.

〔4〕Berfield,Susan,and Noah Buhayar, "Things Are About to Get Ugly at Kraft," *Bloomberg Businessweek*,August 24-30,2015.

〔5〕Ibid. ,Berfield and Buhayar.

真理 9：
从依赖当前的积极势头转向创造持续的积极势头

　　如果你只依赖从别人那里继承下来的积极势头，那么可以肯定的是，这个品牌最终会放慢脚步，难以成长。依赖积极势头发展的倾向也是一种招惹麻烦的倾向。然而事实是，在当前的积极势头下再创造新的势头，可以避免招惹麻烦。

　　在 2006 年开始的每个季度的分析师会议上，麦当劳都会重申品牌将继续延续 2005 年的发展势头。（详情请登录 www. ftpress. com/sixrules 查看麦当劳的在线案例。）2006 年 1 月，首席执行官吉姆·斯金纳表示："我对'制胜计划'所带来的稳健表现，以及我们保持现有势头的能力感到满意。"[1] 2007 年 1 月，"我们以顾客为中心的制胜计划继续推动麦当劳的积极势头向前发展，并为我们的业务带来广泛的增长。我们在欧洲的业务取得了进展，通过集中执行制胜计划所创造的积极势头令我感到鼓舞。"[2]2009 年一位发言人说："有一种说法是，我们做得好是因为经济衰退，但这种势头始于 2003 年。"[3]正如你将在相关的在线案例评论中读到的，利用一个好的发展形势并没有错，但是在 2002~2005 年的发展形势下，麦当劳依靠的是转型策略，而不是长期增长策略。

2011 年夏天，金宝汤的首席执行官道格拉斯·柯南特辞职，丹尼斯·莫里森（Denise Morrison）接任了他的职位。在科南特先生的领导下，金宝汤取得了许多成功。但消费者行为和态度的改变损害了核心产品。由于人们购物的方式不同，对方便和营养的定义也不同，红白相间的美式可乐罐销量下降。莫里森没有采用科南特在业务进展顺利时使用的策略，而是专注于营收增长，花了 1 年时间完成了 3 笔收购和 1 笔重大资产剥离，签署了两份商业协议，并跨品牌推出了近 50 种新产品。[4]通过不断创新、改良或购买创意/革新，金宝汤决定让品牌经历新的生命周期，而不是依靠之前几十年的发展势头，将品牌生命周期一拖再拖。

当管理层满足于已经形成的发展势头，不去考虑修复品牌生命周期时，品牌就会慢慢陷入绝望的深谷。事实上，这种情况是可以避免的，品牌可以通过新思想、创新/改良和品牌新闻再次走上上坡路。

注释

〔1〕 *The Wall Street Journal online*, January 17, 2006, "Mc Donald's Delivers Strong December Comparable Sales," Press Release.

〔2〕 *Datamonitor News Wire*, April 20, 2007, "Mc Donald's Q1 Profit Rises."

〔3〕 Jargon, Julie, "Will Fast Food Slow? Investor Focus on Mc Donald's Results as Recession Ebbs," *The Wall Street Journal*, October 22, 2009.

〔4〕 *FD(Fair Disclosure) Wire*, Campbell Soup Company at CAGNY Conference-Preliminary, February 19, 2014.

真理 10：
建立明确的责任制

在任何公司，最具争议的讨论都与工作描述有关。在我们早期的咨询工作中，一位客户要求我们写一本营销手册。我们足足写了 72 个版本，才获得了高级团队的认同。为什么？它与营销的内容无关，而与工作描述有关。工作描述不仅反映你在公司的地位，也反映你在管理和领导方面的责任。当手册编写完毕并达成一致意见时，数百名高级和中级管理人员的工作及其修订后的职责都得到了明确的界定。然而，总有人对此感到不满。

在企业内部，责任分配是一个有趣的问题。人们希望自己的责任能够以书面形式呈现出来，因为他们不想失去责任的要素。其实，他们愿意奋战到底，保留每一寸责任心。但随后的情形却是许多人不愿站出来，为自己负责的行动结果承担责任。

　　研究协作三箱模型时，我们遇到了一个严重的问题："应该由谁负责任"，这是基于"全球思考，本地思考"的全球营销方法。在之前的营销模式中，总部负责所有的思考性问题，区域则负责执行总部的想法。各区域负责执行总部的要求和方向，但不对结果负责，这样做大错特错。大多数的责任应该由区域或地方承担，因为这是客户接触实际品牌体验的地方，除非是像亚马逊这样的全球在线体验。但即便是亚马逊也存在国别差异，必须对品牌进行合理的规划，使责任和问责制正确地结合在一起。

　　在某个客户那里，实施协作三箱模型非常困难。全球领导人的行为举止就像是地区和当地的管理者，他们不会轻易放弃责任。这些职责定义了他们在整个组织中的角色。团队聘请了一位心理学家来帮助他们理解这样一个事实：现在他们将通过教育、影响力、激励、支持和评估来展示领导能力，而不是命令和控制。品牌领导力是全球性的，但品牌管理是本地化的。

真理 11：
改变奖励制度

建立一个强大的品牌内部的主导文化，不仅仅是采用正确的方式做正确的事情，还包括以正确的方式奖励正确的行为。如果员工因销量增长而获得奖励，或因重复购买率上升而获得奖励，或因增加销售额获得更多收入，他们将会努力赢得这些奖励。这时，客户体验可能会充满"压力"，员工总是请求他们购买额外的东西。你真的需要在你的车上多涂一层底漆吗？你到机场的服务亭时，会有一个购买额外里程的页面，你真的需要这些额外的里程吗？你真的需要你正在购买的路由器的延保吗？管理者管理措施，实施奖励。因此，如果公司对贬低品牌价值的因素进行奖励，员工就会做出贬低品牌价值的行为。

一些汽车经销商对销售人员和服务人员施加压力，要求他们获得较高、甚至是完美的满意度评分。在最近一次对迈

阿密地区的丰田经销商的访问中，销售人员建议购买者在他即将收到的满意度问卷中给出最高分。在对雷克萨斯经销商进行了一次标准的服务访问后，车主离开了这家经销商。之后，车主在仪表盘上发现了一封打印出来的信，上面写着这次访问对经销商和销售人员来说有多重要，车主认为这次服务体验很好有多重要。这些事并不少见，它们都是员工因自我提升而获得奖励的例子。公司奖励成绩优异的员工，反之，经销商及其员工试图通过分数操纵策略来影响得分。

奖励品牌建设行为必须成为企业日常文化和行为的一部分。员工所做的每一件事都会影响到值得信赖的品牌价值。

组织很重要。在一家全球性的大公司里，重组会将销售总监和品牌总监合并在一起。销售是短期盈利的重点，数量是关键。品牌的长期盈利是质量的动力。数量和质量对于高质量的收入增长都是至关重要的。在这种情况下，如果只奖励实现短期盈利目标的人，品牌就会受损。每一次品牌推广活动都是一次促销活动。过不了多久，品牌管理计分卡就会反映出该品牌正在贬值。

另一个例子更能说明问题。新领导人在企业内部打响"今年，本年度"业绩的口号，如果这是一种可行的方法，那么为了实现奖金目标，任何无法完成"今年，本年度"业绩的品牌倡议都是无关紧要的。事实也是如此，所有的品牌建设计划都被归到了次等事项。

为了创造一个以品牌为导向、以客户为导向的文化，管

理层需要建立一个奖励系统，在全公司范围内奖励销售质量
和销售数量达标的员工，企业的高层和中下层必须全部囊括
在内。仅仅因为品牌建设行为会得到奖励这一点，就足够培
养出一群品牌信仰者。即使是一小群品牌信仰者也能对整个
组织产生影响。20 世纪 90 年代初，英特尔的营销人员对有
关电脑芯片的消费者运动反应强烈，他们告诉管理层，如果
该计划不起作用，他们将放弃奖金。这种行为向工程师们表
明，他们为履行品牌承诺有多么用心。

衡量奖励制度重在有一套衡量重要品牌价值的指标体
系，而不仅仅是衡量满意度。仅仅让客户满意是不够的，还
需要关注值得信赖的品牌价值和品牌偏好的增长率，确保评
估方法对奖励制度有意义。

在顾客满意度方面，竞争的标准每天都在提高。然而，
许多营销人员的目标仅仅是达到可接受的满意度水平。他们
的目标是足够好，而不是追求"完美"。完美可能永远不会
实现，但它应该成为营销者的目标。然而，一些客户给出
80%的满意度就代表他比较满意，给出 90%的满意度就代表
他非常满意。这些不太完美的衡量方法忽略了一点，那就是
客户仍对品牌的产品和服务的 10%~20%感到失望。如果你
是一个大品牌，那么 10%~20%代表的是一个庞大的群体。
因此，采取正确的措施和正确的态度解决这些问题是至关重
要的。为了更好地衡量品牌，企业对奖励制度予以修订，提
高了实施标准，目的在于使员工在每一项评估指标中都能获

得最高满意度。满足于平均分数，只会导致员工表现平平。相反，员工也是顾客，他们知道自己什么时候会因为不那么出色的行为而得到奖励。

当阿里巴巴的股价下跌时，首席执行官张勇告诉员工，他们的工作不是担心市场对品牌的看法。"我们一定要记住，时刻关注真正的目标，那就是为客户服务……为客户服务就是为股东和我们自己创造价值，它是一条通往成功的道路。"[1]

注释

〔1〕Clover，Charles，"Alibaba Staff Told to Focus on Their Jobs as Share Price Fall Takes a Toll on Morale，" *Financial Times*，August 26，2015.

真理 12：
衡量结果

　　创建面向结果的企业文化意味着创建一种能够对可衡量的结果进行评估的文化。正如我们在第二部分"法则 6：实现全球联盟"中所讨论的，建立面向结果的企业文化对于创建品牌思维模式至关重要。它不仅仅关乎品牌的功能，还关乎心理层面，因为测量的不仅仅是数据，还需要清楚地说明数据的原因，并将其纳入组织的脉络中。结果需要衡量，但衡量标准必须达成一致，不仅要使用衡量标准来评估进度，还要使用它来管理进度。不要惩罚分数较低的员工，要让他们从中吸取教训。企业应该奖励和认可员工的表现。

　　在创建面向结果的企业文化时，有几点需要牢记：

　　◈ **企业要以值得信赖的品牌价值为核心。**要实现最好的价值，不能只在价格上竞争。你无法通过成本管理来实现效益的持续性增长。应该围绕新的值得信赖的品牌价值等式激励组织，这是一种观察客户如何感知品牌价值的新方法，意味着让每个员工都知道这个品牌代表什么，顾客对这个品牌的信任程度如何，以及为获得相关的品牌体验，品牌需要付出的成本是什么。

　　◈ **建立品牌力**。强大的品牌能赚钱，品牌目标必须成为最常见、最优质、最值得信赖的、领先的、相关的、差异化的品牌体验的来源。这意味着我们要专注于强大品牌的四个要素：身份性、熟知性、差异性和权威性。员工需要考虑的不仅仅是广告活动或数字意识。他们需要相信，他们所做的每一件事都会影响品牌的熟知性、差异性，以及树立品牌权威的基础。再说一次，品牌力是可以衡量的，企业应将前面描述的影响品牌力的指标落实到位。

　　◈ **提高品牌忠实度**。在以结果为导向的文化中，无论员工的职位是什么，都必须让员工考虑他们如何能让客户在忠实度阶梯上爬升。事实上，另一个可以用来实施奖励和认可的指标就是晋升。如果一个组织认为第一线只需要客户管理人才，那就错了。每个员工都应该相信自己的个人目标是关注品牌最忠实的客户。品牌需要衡量在提升顾客忠实度方面取得的进展。

　　◈ **提高品牌偏好度**。这样做的目的是让那些对你的品牌有强烈感觉的忠实顾客选择你的品牌，即使他们的第二选择更加便宜。品牌偏好是最有效地维系顾客忠实度的纽带。企业必须通过奖励员工的态度和行为来反映公司的战略得到了认可。顾客知道他们什么时候会因为使用频率高得到奖励，他们也希望因对品牌的态度积极而获得回报。品牌需要建立个性化的偏好，并且要准备好使用新的方式与品牌爱好者建立联系，增强企业和品牌在他们心中的特殊性。同时，企业还需要衡量品牌偏好度。

    了解那些抵制你的品牌的人。要了解这些人的问题在哪里？为什么有人不喜欢你的品牌，搞清楚他们为什么远离你。怎样才能赢回这部分消费者的心？解决这个问题应以创新和改良为基础。我们了解到女性不愿意带孩子去麦当劳，因为她们厌倦了坐在那里看孩子吃东西，却找不到适合自己的食物。沙拉就很好地解决了这个问题。量化客户的问题，然后了解哪些比较重要，哪些经常发生。

    衡量企业管理和实施奖励的方法。不仅仅是衡量销售额、份额增长和利润增长。确保企业意识到股份的数量和质量需要同时提高这一事实。

    设定 SMART 目标。确保每个人都在一致的、共同的目标下工作。SMART 目标描述了实现品牌愿景需要完成的可衡量的目标。这些衡量标准必须在时间、业务和地域上保持一致。SMART 目标具有以下特点：具体、可衡量、遥远但可及、与整体业务增长相关、具有特定时间。

    一旦商定了措施，组织需要接受措施并采取行动，以实现结果。创建一个统一的组织需要建立信任，员工需要接受这些行动的结果，并继续前进。这意味着要对结果进行分析、解释和综合，但不操纵结果。结果不应该用来支持那些先入为主的观点，结果和数据应保持中立，将先入之见强加于数据可能会将人力和资源引向错误的方向。

⟨⟩ **除了建立信任之外，领导者还必须有足够的信心来做出支持可靠信息的决策。**领导者要有信心，相信自己可以依据信息和经验做出决定。毕竟，数据不能决定一切，人才是决策者，并且可以利用这些数据来理解和优化需要做出的决定。一个积极的、前进的、有洞察力的组织不应该使自己的分析能力瘫痪。

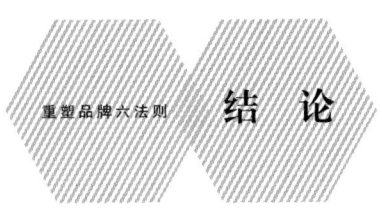

重塑品牌六法则　结　论

　　品牌是怎样陷入困境的？重塑品牌的法则是什么？为什么有些品牌会重拾旧习？一旦摆脱了困境，品牌如何才能永葆生机？这就是本书的全部内容。

　　当我们回顾 2009 年到今天所发生的变化时，我们惊讶地看到品牌的发展方式都发生了变化，无论是积极的还是消极的。技术、数字设备、移动设备的发展，社会和经济动荡，人们相互联系方式的变化，营销的分散化以及媒体的发展改变了我们推销品牌的方式。受到全球化、本地化和个性化三种力量的拉动，出现了许多新的、令人兴奋的可能性。由于不断变化的人口统计学，人们丧失了对机构的信任，以及出现了新的顾客感知价值等式、值得信赖的品牌价值，品牌发展的机会每天都在增加。

　　品牌的生存环境已经改变，但品牌建设和重塑的法则却没有改变。2002~2005 年，我们将六大法则用作重塑麦当劳的框架，实际上，六大法则在今天仍然具有相关度，仍然有强大的力量。然而，为使品牌领导力最大化，我们现在所使用的新工具和新技术又为其增添了新的维度。

在 2009 年修订这本书的过程中，许多大品牌都陷入了困境。为什么？他们做了什么或什么都没有做，导致他们失去了顾客感知的值得信赖的品牌价值？我们与许多公司和品牌合作了几十年，综合我们对品牌问题的主要观察，我们研究了这六大法则在今天应该如何以更现代化的方式使用。我们还研究了一旦品牌重新站稳脚跟，如何使用这六大法则摆脱接下来要面临的困境。

我们一再强调：品牌没有生命周期，它们可以永生。工厂会被烧毁，机器会被磨损，创业者可能会死亡，技术可能会过时，但品牌绝不会自然消亡。品牌的衰落和消亡是管理者管理不善和不受信任造成的，管理者要负最大责任。如果管理得当，品牌会随着时间的推移而增值。有价值的品牌不会凭空出现，它需要我们付诸行动。企业和品牌领导者必须对创造、培育、捍卫和加强可信赖的品牌价值做出永无止境的承诺，从而实现持久的效益增长。

这并不是一件容易的事，但机会是无限的。品牌完全可以不招惹麻烦，也可以远离麻烦。品牌不仅可以恢复健康，还可以恢复信任。

招惹麻烦的十二种行为倾向是企业必须要远离的恶习。

重塑品牌六法则还适用于那些目前非常健康，具有很强盈利能力的品牌。一旦品牌重新站稳脚跟，就要实施"远离麻烦的十二条真理"。正如本书所说，品牌受到的威胁不是来自仿制品或模仿者，也不是来自具有社会和经济影响的全球趋势，而是来自企业内部，来自管理者管理不善，来自缺乏真正的领导力，来自短浅的目光。许多危害品牌的因素都是管理者自己造成的。但是，通过适当的、有纪律的品牌管理，品牌领导者可以与客户建立牢固、持久的关系，实现效益的持续性增长。

图书在版编目（ＣＩＰ）数据

重塑品牌六法则/(英)拉里·莱特(Larry Light),(英) 琼·基顿(Joan Kiddon)
著;陈建林, 李婷译. —长沙: 湖南科学技术出版社, 2021.1

ISBN 978-7-5710-0737-9

Ⅰ. ①重… Ⅱ. ①拉… ②琼… ③陈… ④李… Ⅲ. ①品牌战略—研究
Ⅳ. ①F273.2

中国版本图书馆 CIP 数据核字(2020)第 176465 号

著作权合同登记号：18-2017-278
中文简体字版权专有权归湖南科学技术出版社所有
SIX RULES OF BRAND REVITALIZATION, SECOND EDITION:LEARN THE MOST COMMON BRANDING MISTAKES
AND HOW TO AVOID THEM
ISBN:9780134507835 by Larry Light, Joan Kiddon, published by Pearson Education Limited, Inc,
Copyright © Larry Light and Joan Kiddon 2016(print and electronic)
Simplified Chinese Translation copyright © 2021 by Hunan Science&Technology Press.
ALL RIGHTS RESERVED

CHONGSU PINPAI LIU FAZE
重塑品牌六法则

著　者：	[英]拉里·莱特	[英]琼·基顿
译　者：	陈建林　李　婷	
策　划：	欧阳臻莹	
责任编辑：	何　苗　李　柔	
出版发行：	湖南科学技术出版社	
社　址：	长沙市湘雅路 276 号	
	http://www.hnstp.com	
湖南科学技术出版社天猫旗舰店网址：		
	http://hnkjcbs.tmall.com	
印　刷：	长沙鸿和印务有限公司	
	(印装质量问题请直接与本厂联系)	
厂　址：	长沙市望城区普瑞西路 858 号金荣企业公园 C10 栋	
邮　编：	410200	
版　次：	2021 年 1 月第 1 版	
印　次：	2021 年 1 月第 1 次印刷	
开　本：	889mm×1194mm　1/32	
印　张：	10	
字　数：	190 千字	
书　号：	ISBN 978-7-5710-0737-9	
定　价：	58.00 元	

（版权所有·翻印必究）